어린이를 위한 뇌과학 프로젝트

정재승의 인간탐구보고서

기획 **정재승** | 글 **정재은 이고은** | 그림 **김현민**

아울북

차례

〈인간 탐구 보고서〉를 시작하며 **6**
　청소년들에게 '호모 사피엔스 뇌의 경이로움'을 일깨워 주었으면

등장인물 소개 **12**

프롤로그 **16**
　아우레 행성의 위기

뇌가 말랑해지는 시간 **130, 164**

7권 미리보기 **166**

1. 지구인이 되는 방법 ········· 28
　지구인으로서 반드시 가져야 할 몇 가지 것들
　보고서 33 지구인의 성은 여성과 남성으로 나뉜다

2. 두근두근 사랑 고백 ········· 49
　커플이 되기 위해 매우 애쓰는 지구인들
　보고서 34 지구인은 고백을 좋아한다

3. 모두가 특별해 ········· 73
　지구인이 닮은 듯 다른 이유
　보고서 35 지구인은 복제할 수 있다

4 나 혼자 비밀 연애 ········ 93
첫눈에 반한 지구인들이 보이는 심각한 증세
보고서 36 사랑에 빠진 지구인의 뇌 분석

5 꽁치의 말 못 할 고민 ········ 115
지구인들은 자신의 몸에 무척 신경을 쓴다
보고서 37 사춘기 지구인은 신체 변화가 크다

6 가까이, 더 가까이 ········ 131
지구인의 집중력이 최고로 높을 때
보고서 38 지구인의 손과 입술에 관한 고찰

7 점점 커지는 의심 ········ 147

<인간 탐구 보고서>를 시작하며

청소년들에게 '호모 사피엔스 뇌의 경이로움'을 일깨워 주었으면

어린이와 청소년들에게 단 한 권의 책을 읽혀야 한다면, 그것은 '우리들에 대한 과학'이어야 한다고 생각합니다. 우리 인간이 왜 이렇게 행동하고 생각하는지 '마음의 과학'을 일러 주어야 한다고 말입니다. 어린 시절 우리가 무척 궁금해하고 고민하는 대부분의 것들은 바로 나와 가족, 친구들, 그리고 이웃들의 마음에서 비롯된 것들이니까요.

왜 엄마가 하지 말라는 행동은 더 하고 싶은 걸까요? 아빠가 형이나 오빠를 더 챙기면 질투가 나서, 왜 형까지 미운 걸까요? 왜 시험 때만 되면 교과서 말고 다른 책들이 더 읽고 싶어지는지, 왜 좋아하는 여학생은 더 잘 대해 주어야 하는데 오히려 놀리고 싶은지, 정말 궁금하지요.

어린이들에게 마음의 과학을

마음을 탐구하는 학문인 뇌과학과 심리학은 인간의 사고, 판단, 행동에 대한 가장 흥미로운 설명을 우리들에게 들려줍니다. 지난 150년간 신경과학자들과 심리학자들은 '인간 뇌가 어떻게 작동하여 마음

이란 걸 만들어 내는지' 꽤 많은 걸 밝혀냈습니다. 초등학교와 중학교에 다니는 학생들에게 다른 나라 언어나 복잡한 수학 공식을 가르쳐 주는 것도 필요하지만, '마음의 과학'을 가르쳐 주는 것이 가장 중요합니다. 나는 누구이며, 우리는 어떤 존재인지, 인간 사회는 왜 이렇게 돌아가는지에 대해 과학자들이 밝혀낸 사실들을 아이들에게 알려 주어야 합니다. 그게 우리에게 진짜 유익한 지식이니까요.

그런데 놀랍게도, 우리나라는 고등학교를 졸업할 때까지 뇌과학이나 심리학을 배울 기회가 거의 없습니다. 생물 시간에 잠깐, '우리 뇌는 뉴런이라는 신경 세포들이 시냅스로 연결된 거대한 그물망(네트워크)이며, 뉴런들이 서로 전기 신호를 주고받으면서 놀라운 정신 작용을 만들어 낸다.'는 것 외에는 세상이 아이들에게 '뇌와 마음'에 대해 가르쳐 주지 않습니다.

제게는 딸 셋이 있습니다. 초등학교에 다니는 저희 딸아이들을 위해 제가 책을 한 권 낼 수 있다면, '어린이와 청소년들을 위한 뇌과학' 책이어야 한다고 생각했습니다. 그렇게 해서 이 책이 탄생하게 됐습니다. 무려 10년 전부터 준비했던 이 책이 여러 우여곡절을 거쳐 드디어 근사한 모습으로 빛을 보게 된 것입니다. 바라건대, 이 책이 혼란스러운 어린 시절과 고민 많은 사춘기를 관통하게 될 모든 10대들에게

'나에 대한 친절한 가이드북'이 되었으면 합니다. 뇌과학과 심리학이 그들을 유익한 방황과 진지한 성찰로 인도해 줄 겁니다.

인간의 일상을 낯설게 관찰하기

이 책은 외계인의 시선으로 인간을 탐구하는 흥미로운 이야기입니다. 아우레 행성으로부터 외계 생명체 아싸, 바바, 오로라, 라후드가 지구로 찾아옵니다. 아우레에서 더 이상 살 수 없게 되자, 이주할 외계 행성을 찾기 위해 지구에 파견 온 그들은 지구의 지배자인 인간들을 관찰합니다. 우리 인간들을 물리치고 지구를 점령할지, 인간들과 공존하며 지구에서 함께 살지 알아보기 위해 말입니다.

호모 사피엔스를 처음 만난 아우린들에게는 인간의 모든 행동 하나하나가 흥미로운 관찰 대상입니다. 얼굴에 옹기종기 모여 있는 눈, 코, 입의 형상에 지나치게 집착하는 것도 흥미롭고, 기억력도 자신들에 비해 부실하고, 불쑥불쑥 화를 내며 충동 억제를 잘 못하는 인간들이 그저 신기하기만 합니다. 그러면서도 그들은 자신들을 '현명한 동물(Homo sapiens, 호모 사피엔스)'이라고 부르니 말입니다. 전혀 합리적으로 행동하지 않는 우리 호모 사피엔스들이 그들에겐 그저 어리석게만 보일 뿐입니다. 하지만 그들이 우리를 점점 알아 가면서 우리 인

간들의 장점도 파악하겠지요? 기대해 봅니다.

아이들은 이 책의 첫 페이지를 열면서 외계인의 시선으로 인간을 바라보는 생경한 경험을 하게 될 것입니다. 아싸와 아우레 탐사대처럼 인간을 관찰한 후 '탐구 보고서'를 아우레 행성으로 보내는 과정에 동참할 것입니다. 이 과정을 통해 아이들은 우리들의 평범하고 당연한 일상을 낯설게 바라보는 경험을 하게 될 것입니다. 마치 우리가 곤충을 관찰하고 기록 일기를 쓰듯이, 인간의 일상을 관찰하고 탐구 보고서를 쓰면서 우리를 돌아보게 될 것입니다.

인간이라는 사랑스럽고 경이로운 생명체

그 과정에서 아이들은 우리 인간을 비로소 '이해'하게 될 것입니다. 외계 생명체 라후드처럼 '인간은 정말 이해 못 할 이상한 동물'이라고 여겼다가, 점점 우리들을 이해하게 될 것입니다. 방금 본 것도 잘 기억하지 못할 정도로 호모 사피엔스의 기억 중추는 턱없이 부실하지만, 그렇기에 우리는 부실한 기억 중추를 만회하려고 '반드시 기억해야 할 것이 무엇인지, 소중한 것이 무엇인지 판단하는 능력'을 얻게 됐는데, 그것이 우리를 더 근사한 존재로 만든다는 것을 깨닫게 되지요. 친구가 산 옷이면 나도 사고 싶고, 형이 먹는 걸 보면 배가 고프지 않아도 나도 먹고 싶고, 동생이 우는 것만 봐도 나도 그냥 눈물이 날 정도로 우리 인간들은 '이상한 따라쟁이'입니다. 하지만 그 덕분에 다른 사람의 감정에 공감하며 슬픔을 함께 극복하고 힘든 역경을 이겨 낼 수 있다는 걸 깨닫게 됩니다. 아싸와 아우레 탐사대가 그렇듯, 우리 어린이들도 이 책을 읽으면서 인간 존재의 신비로움을 깨닫게 될 것입니다.

그러면서 결국 외계 생명체 아우린들이 '인간이 얼마나 사랑할 만한 존재'인지 알아주었으면 합니다. 무지 비합리적이고 종종 충동적이며 때론 폭력적이기까지 한 존재이지만, 인간 내면의 실체를 모두 알게 되면, 우리 호모 사피엔스가 얼마나 사랑스러운 존재인지 깨달았으면 좋겠습니다. 아우레 행성의 외계 생명체들이 제발 우리를 지배하려 하지 말고, 우리 인간들의 사랑스러운 매력에 빠져 주길 희망합니다.

무엇보다도, 인간의 뇌는 이성과 감성이라는 두 말이 이끄는 쌍두마차로서, 우리가 사는 세상을 좀 더 근사한 곳으로 만들기 위해 끊임없이 애쓰는 경이로운 기관임을 그들이, 아니 어린 독자들이 알아주었으면 합니다. 우리는 과학이라는 정교한 현미경을 가지고 있으면서도, 동시에 예술이라는 풍성한 악기도 가지고 있는 놀라운 생명체라는 사실 말입니다. 바티칸 시스티나 성당의 '천지창조'를 그릴 정도로

풍부한 감성을 가졌으면서도, 동시에 우주가 빅뱅에 의해 138억 년 전에 탄생했다는 사실을 밝혀낸 이성적인 존재라는 사실 말입니다.

인간의 숲으로 도전적인 탐험을!

인간의 실체가 모두 속속들이 밝혀질 때까지, 아싸와 아우레 탐사대의 '인간 탐구 보고서'는 아우레 행성을 향해 끊임없이 발신될 것입니다. 호모 사피엔스의 뇌가 가진 경이로운 능력, 사랑스러운 매력이 외계 생명체들에게 충분히 이해될 때까지 보고서는 결코 멈추지 않을 것입니다. 그 과정에서 우리 어린이들 또한 인간에 대한 이해가 깊어지겠지요? 외계 생명체 아우린들이 흥미롭게 써 내려간 '인간 탐구 보고서'에서 어린이들과 청소년들이 나를 발견하는 놀라운 경험을 하게 되길 진심으로 기대합니다. 사실 인간 탐구 보고서는 인간 사회를 지배하기 위해 아우레 행성의 정복자들이 작성한 무시무시한 보고서가 아니라, 인간이라는 숲을 탐색하는 외계 탐험가의 도전적인 보고서이기 때문입니다. 자, 이제 그들의 인간 탐험을 흥미롭게 함께해 주시길!

정재승 (KAIST 뇌인지과학과+융합인재학부 교수)

등장인물 아우레인

최고의 이성을 지닌 천재 과학자.
잘생긴 외모 덕분에 지구인들의 사랑을
듬~뿍 받고 있다. 이제는 사귀자는 제안을
거절하기도 지칠 정도. 이성에 눈뜬 지구인들이
귀찮기만 하다. 하지만 새로 전학 온 여학생과는
항상 붙어 다니며 친하게 지내는데…….
차갑고 냉정하기만 한 아싸의 마음에
무슨 일이 일어난 걸까?

아싸

아우레 행성의 비밀 요원.
자신의 비밀 보고서 때문에
지구인만큼이나 걱정이 늘어 가는 중이다.
원래는 의자에 앉아 있는 걸 좋아하지만,
유니와 산책하는 동안은 외출이 즐겁기도 하다.
아우레에서 도착한 아주아주 중요한 물건
때문에 깊은 생각에 잠긴다.

바바

오로라

항상 자신의 종을 깨끗하게 관리하는
아우레 행성의 철두철미한 군인.
오로라의 깔끔함 덕분에 위니 미용실의 수건은
지구 어느 미용실보다 반듯하게 접혀 있다.
어느 날 임시 본부를 감시하는 수상한
생물체를 발견하고, 익숙한 듯 낯선 모습에
깜짝 놀라게 된다!

라후드

외계문명탐구클럽의 회장.
디저트의 달콤한 향기에 취해 카페에 취직했지만
결과는 대실패. 매일매일 출근의 고통만 겪고 있다.
지구인 커플에게 점령당한 카페에서
열정적인 지구 탐험가 라후드의 머릿속에
반짝! 아이디어가 떠오른다. 지구인 탐구를 위해
지구인과 사귀어 보면 어떨까?

루나

사리 분별 명확하고 지적 능력이 뛰어난
아우레 행성의 지도부. 젤리 보디를
이용해 몸을 자유자재로 늘이고
줄일 수 있다. 탐사대에게 한마디
말도 없이 지구에 도착한 새 요원의
진짜 목적은 무엇일까?

등장인물 지구인

써니

성에 눈뜨기 시작한 초등학교 5학년. 남친이 있으면 좋을 것 같기도 하고, 귀찮을 것 같기도 하고. 아직은 알쏭달쏭하다. 그나저나 이차 성징은 언제 시작되는 걸까?

유니

최근 자주 방문하는 도서실에서 운명의 상대를 만난 중학교 2학년. 자꾸 심장이 두근대서 잠 못 이루는 밤이 늘었다. 대체 그 냄새가 뭐라고 날 이렇게 설레게 하지?

루이

첫사랑과의 추억이 너무나도 애틋한 편의점 알바생. 그의 편의점 앞 파라솔은 각종 이야기가 흐르는 장소. 오늘은 사춘기 남학생들의 성에 대한 호기심이 솔솔 피어나는 중.

꽁치

키가 인생 최대 고민인 생선파의 최단신. 키 높이 깔창을 두 개는 깔아야 마음이 든든하다. 몸집이 크고 털이 많은, 남자다운 남자가 되는 날을 꿈꾼다.

해진

도서실이 세상에서 제일 좋은 성실한 도서 위원이자 유니의 친구. 말랐지만 더 마르고 싶은 유니와 달리, 통통한 자신의 몸을 사랑할 줄 안다.

민재

좋아한다고 생각하면 일단 고백하는 써니의 같은 반 친구. 자신의 마음을 표현하는 데 매우 적극적인 편이다. 어제는 어릴 적 친구 써니에게, 오늘은 처음 만나는 전학생에게 마음이 끌린다.

정 박사

공원에 자주 출몰하는 수상한 과학자. 무슨 연구를 하는지는 모르지만 지구인의 거의 모든 질문에 대답할 수 있을 정도의 높은 이성을 지녔다. 공원에서 몰래 다른 이들의 대화를 엿듣고 불쑥 답을 하기도 한다.

아우레 행성의 위기

미나레스 웜홀 너머에 있는 머나먼 작은 행성 지구는 순식간에 유명해졌다. 아우린들은 지구와 지구인에게 호감을 가졌다. 외계문명탐구클럽 회원들은 특히 더 열광했다. 회원들은 날마다 지구 파티를 열었다. 지구 탐사대를 닮은 지구인 슈트를 만들어 입고, 지구인처럼 어설프게 행동했다. 지구는 높은 이성으로 만들어진 완벽한 아우레에 비해 불완전했지만 흥미진진했다.

"어서 빨리 지구로 가서 지구인들과 함께 살아 보고 싶다."

아우린들의 반응은 행성 지도부를 당황시켰다.

지도부의 의견은 지구인 제거 쪽으로 기울었다.

지구인들은 이성이 낮고, 감정에 휘둘리고, 공격적이며 변덕스러운 사춘기를 거치기 때문에, 아우린의 안전을 위해 미리 제거하는 것이 좋다. 그런데 아우린들이 지구인에게 호감을 가지면, 지구인 제거가 어려워진다. 아우린들 중 지구 이주를 반대하는 자들이 나올 가능성이 높다. 이 경우 공동체의 이익을 최고선으로 생각하는 아우레 지도부는 끔찍한 선택을 해야 한다.

'신중'한 결정보다 '신속'한 결정이 필요했다. 높은 이성의 아우린들 중에서도 가장 뛰어난 행성 지도부는 재빨리 지구 탐사대에게 최후통첩을 보냈다.

지도부는 잠시 침묵에 잠겼다. 아우린의 생존을 위한 선택이지만, 지도부도 유쾌하지는 않다. 다른 행성의 생물종을 통째로 없애는 일은 우주 생명 윤리에도 맞지 않다.

하지만 아우레와 지구 모두를 위한 최선의 결정이다. 아우린의 이주가 아니더라도 어차피 지구인은 1만 년 안에 멸종할 것이니까. 지구인이 없으면 지구에는 더 다양한 생명체들이 더 활기차게 살 거니까. 지구인 제거는 결과적으로 아우린보다 지구의 다른 생명체들에게 더 이익이니까. 바바의 비밀 보고서를 분석한 결과에 따르면 말이다.

아우레의 최후통첩이 지구로 날아간 지 얼마 되지 않아 행성 지도부에게 긴급 통신이 날아왔다.

지구인을 좀 더 연구할 필요가 있다.
지구인 제거 계획은 잠시 보류하기를 요청한다.
-비밀 요원 바바-

행성 지도부는 발칵 뒤집혔다. 어렵게 결정한 지구인 제거 작전을 이제 와서 보류하라고? 아우린답지 않은 변덕이다. 그들의 이성에 문제가 발생했을 가능성이 높다. 머나먼 아우레에서 탐사대의 보고서로만 판단할 사안이 아니다.

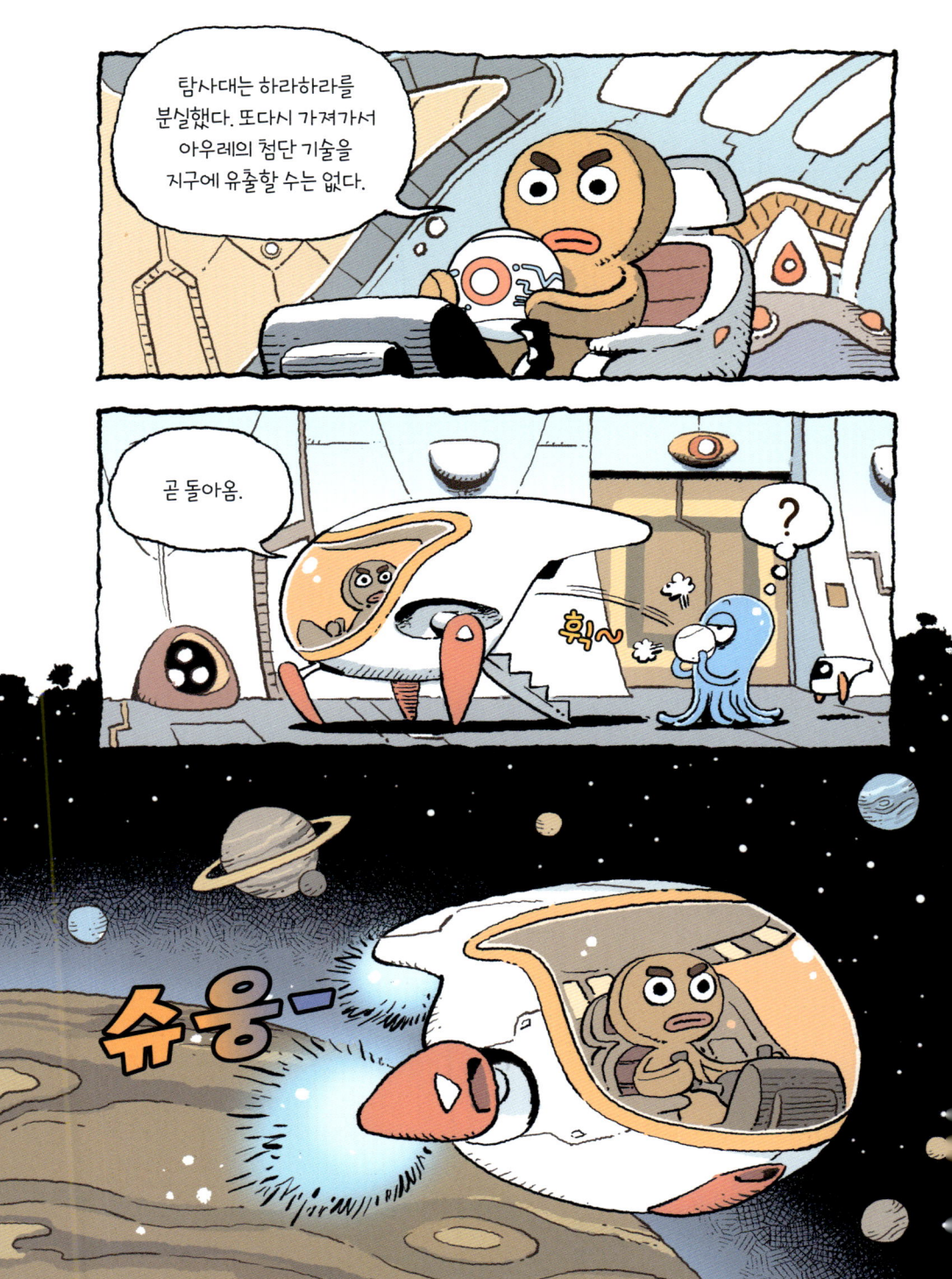

루나보다 아우레 행성의 통신이 먼저 지구에 도착했다.

**행성 지도부는 지구 접수를 결정했다.
지구인을 완전 제거하고, 대기하라.**

아우레 행성의 최후통첩은 탐사대를 혼란에 빠뜨렸다. 탐사대는 아직 지구인 탐구를 끝내지 못했다. 지구인이 아우린에게 해를 끼칠 가능성을 정확하게 계산하지 못했다. 그런데 지구인을 제거하라고? 아우레 탐사대는 행성 지도부의 결정이 옳지 않다고 판단했다. 하지만 탐사대는 지도부의 의견을 따르기로 하고 지구에 왔다. 어떻게 해야 하지? 대원들은 각자 깊은 생각에 빠졌다.

바바는 지구 시간으로 8,000년이 넘게 살면서 두 번째로 자신의 실수를 인정했다. 첫 번째는 고양이 슈트 대신 강아지 슈트를 만든 것, 두 번째는 지구인 제거를 너무 성급하게 제안한 것이다. 자신의 성급한 비밀 보고서 때문에 지구인이 멸종된다면 바바는 처음으로 후회라는 것을 할 것 같았다. 이성이 뒤떨어지는 지구인이나 하는 '실수'와 '후회'라니. 바바는 자신의 이성에 문제가 생겼다고 의심했다. 지구인이나 지구 환경이 아우린의 이성에 나쁜 영향을 끼친 걸까?

1

지구인이 되는 방법

지구인으로서 반드시
가져야 할 몇 가지 것들

"지금부터 중요한 판단은 명쾌한 이성의 루나가 한다."

갑작스러운 루나의 등장은 탐사대를 혼란에 빠뜨렸다. 탐사대장 오로라는 절차를 무시하고 날아온 루나를 받아들이고 싶지 않았다. 아우린 최고의 이성 아싸는 자신의 이성을 의심하는 행성 지도부의 이성을 의심했다. 지구인 제거를 주장했다가 취소한 바바는 자신의 비밀 통신이 제대로 전달되었는지 확인할 필요를 느꼈다.

라후드만 편안하게 루나의 지시를 따랐다. 탐사대의 결정을 조정할 마음도, 자신의 판단을 고집할 마음도 없었다. 새로운 탐사대원이 왔다면 아우레의 물건도 왔을 테니까. 라후드의 관심은 오직 하나.

하라하라가 없다고?

하라하라가 없으면 지구에서 정체를 들키지 않고 살기가 너무 힘든데, 왜? 라후드는 이해할 수 없었다.

"탐사대는 이미 하라하라를 분실했다. 지구인은 하라하라를 올바르게 다룰 이성이 부족하다. 루나는 아우레의 첨단 기술을 지구인에게 유출할 가능성을 완전 차단했다."

루나는 옳은 소리만 했다. 지구 사정이라고는 조금도 모르는 옳은 소리다. 하라하라가 없으면 라후드는 날마다 외계인 추적자의 소굴에서 일해야 하고, 오로라는 미용실에서 지구 세균 범벅인 지구인과 접촉해야 한다. 무엇보다 라후드는…….

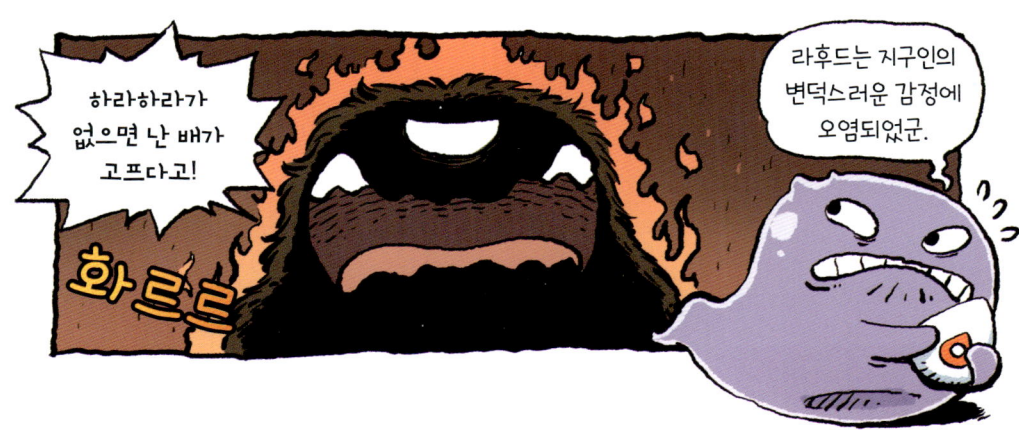

지구인처럼 흥분하는 라후드에게 루나는 금방이라도 무기를 들이댈 것 같았다. 오로라는 탐사대의 대장답게 이성적으로 루나를 말렸다.

"경솔하게 행동하지 마라. 외계인 추적자가 코앞에 있다."

오로라의 경고를 듣고 루나는 코 앞을 바라보았다. 질소, 산소, 아르곤, 이산화 탄소 등 기체로 가득 찬 공간뿐, 외계인 추적자라는 지구인은 없었다.

"코앞이란 진짜 코 바로 앞이 아니라 상당히 가깝다는 뜻이다. 지구인의 표현이다."

루나가 이해하도록 정확하게 설명하면서 오로라는 답답함을 느꼈다.

"역시 이성이 낮은 지구인들은 정확하게 표현하지 못하는군. 그런 것을 따라 하는 이유는?"

"외계인 같다는 말을 듣지 않기 위해서다. 정체가 알려지면 외계인은 잡혀간다. 연구를 위해 해부된다."

"루나는 외계인 같다는 말을 듣지 않는다. 지구인 슈트도 완벽하게 준비했다."

높은 이성의 루나는 한꺼번에 쏟아지는 지구인 정보를 빠르게 받아들였다. 그중 가장 흥미로운 것은 아우레에서는 오래전에 사라진 '성'의 개념이었다.

　지구인의 성은 남성과 여성으로 나뉜다. 지구인이 두 성으로 나뉜 이유는 짝짓기를 통해 둘의 유전자를 반씩 이어받은 자손을 생산하여 종을 유지하기 위해서다. 아우린은 영원에 가까운 삶을 살게 되면서 종 유지를 위한 자손이 필요 없어졌다. 자손이 태어나면 인구가 기하급수적으로 늘어 오히려 멸종의 가능성만 높아진다. 결국 아우린은 뛰어난 과학 기술로 '성'을 없앴다. 공동체에 새로운 일원이 필요하면 가장 뛰어난 아우린의 염색체를 복제한 뒤, 유전자 조작 기술을 이용해 더 뛰어난 생명체로 재탄생시켰다. 지구 시간으로 벌써 수만 년 전의 일이다.

루나는 여전히 지구 사정을 모르는 소리만 했다.

지구 문명 전문가가 된 라후드는 아우레 행성 지도부에게 쓴 소리를 날렸다.

"안 돼. 지구인 남녀는 서로에게 관심이 너~무 많아. 일정한 나이가 되면 이성에 대한 관심과 사랑이 폭발한다. 웬만해서는 말릴 수 없다."

루나는 충격을 받았다. 지구인의 성 때문이 아니라 아우린답지 않게 불확실한 라후드의 말투 때문이었다.

루나는 외부 침입자를 잔뜩 경계했다. 하지만 다른 탐사대원들은 느긋하기만 했다.

"옆집 줍줍 여사다. 이상한 지구 음식을 가지고 참견을 하러 오는 것이다."

"이웃 할머니의 방문을 냉정하게 거절하면 외계인이라는 의심을 받는다."

탐사대원들은 줍줍을 쫓아내는 대신 루나를 2층 보안 구역으로 올려 보냈다.

"일단 숨어. 지구인으로 제대로 변신하고 내려와라."

루나는 후다닥 2층으로 올라갔다.

"옥수수 좀 가져왔어. 너무 많은 건 아니지?"

줌줌 여사와 써니는 삶은 옥수수를 잔뜩 들고 왔다. 지구 음식이라면 냄새도 싫어하는 오로라는 고개를 돌렸지만 라후드는 좋아서 입을 떡 벌렸다.

"너무 많아서 너무 좋아요, 할머니."

라후드가 막 옥수수를 뜯기 시작했을 때, 2층에서 우당탕탕 수상한 소리가 들렸다. 써니가 놀라서 물었다.

"어, 2층에 누구 있어요?"

"잘됐네. 내려와서 같이 드시라고 해."

아싸가 입만 벙긋거리는 사이 줌줌이 참견했다. 루나는 줌줌의 말이 맞다는 뜻으로 고개를 끄덕였다. 지구인 탐구 보고서 분석 결과, 지구인은 같은 편을 의심하지 않는다. 고개를 끄덕이는 행동은 같은 편이 되겠다는 동의 표시이다.

"역시 내 눈썰미가 좋다니까. 넌 몇 학년이니? 설마 아싸랑 같은 학년은……."

"맞다. 같다. 같은 학년이다."

루나는 줌줌의 말이 끝나기도 전에 동의 표시를 했다.

"5학년이라고?"

"진짜야?"

줌줌과 써니가 동시에 소리쳤다.

지구인에게 동의했는데 왜 부정적인 반응이지? 특히 어린 지구인 침입자는 루나를 적대적인 눈빛으로 노려보았다.

"루나라고 했니? 너는 키가 참 크구나. 유니랑 친구라고 해도 믿겠어. 우리 써니는 아직 아기 같은데. 엄마랑 언니는 큰데 누굴 닮았는지…….''

써니가 점점 화가 나는 것도 모르고 줍줍은 계속 루나와 써니를 비교했다. 결국 써니는 팩 토라지고 말았다.

"할머니 닮아서 작은 거잖아!"

써니는 안 그래도 루나에게 질투가 나던 참에 할머니의 말에 자존심까지 상해서 뛰쳐나갔다.

"아이고, 써니 삐쳤냐? 할머니는 귀여워서 그러지~."

줍줍도 써니를 달래며 서둘러 쫓아 나갔다.

보고서 33
지구인의 성은 여성과 남성으로 나뉜다

 2019년 11월 20일　 아우레 7385년 31월 14일　작성자: 루나

지구 사건 개요

* 지구 환경은 기존 탐사대의 보고서와 같음. 지구인 슈트 외의 다른 장비는 필요하지 않음.
* 탐사대의 보고서에 따라 지구인 슈트를 만들었으나 지구에서 자연스러운 형태가 아니었음. 보고서의 지구인 외모에 대한 내용은 47%만 맞음. 나머지 53%에 대한 내용은 추가, 보완하겠음.
* 루나는 다양한 지구인의 모습을 가질 수 있으나, 첫 번째로 오늘 만난 지구인과 유사한 여자 초등학생을 선택함. 지구인들이 자신과 비슷한 존재에게 호감을 느낀다는 보고서의 내용에 따른 것이었으나, 나와 비슷한 나이, 직업, 성별을 가진 이웃집 초등학생 써니는 나에게 호감을 보이지 않았음. 이 부분에 대한 보고서 내용은 오류임.

지구인은 생물학적으로 남성과 여성으로 나뉜다

- 지구인은 모두 생물학적으로 남성과 여성 중 하나의 성으로 분류됨. 기존 탐사대 중 오로라는 여성, 바바와 아싸, 라후드는 남성 지구인이었음. 남성과 여성의 차이는 외모인 것으로 보임. 확실히 지구인들은 외모를 중시함.
- 본인 스스로 인지하는 성을 성 정체성이라고 함. 보통은 생물학적인 성이 성 정체성 확립에 가장 중요한 영향을 미치지만, 이것이 일치하지 않는 경우도 있음.
- 성 정체성에 혼란을 느끼는 지구인들은 본인의 성 정체성에 생물학적 성을 일치시키기 위해 외과적인 수술로 신체의 모습을 바꾸기도 함. 일반적으로 지구인 남성은 음경이 있고, 여성은 질이 있는 것이 큰 특징. 이 두 가지는 신체적인 성을 특징짓는 가장 큰 요소임.

지구의 생물 중 성이 없는 것도 있다

- 지구인이나 지구인들과 함께 사는 고양이, 강아지들은 모두 성이 있음. 그러나 지구의 생물 중 짚신벌레, 히드라, 버섯, 곰팡이, 세균 같은 생물들은 성이 없음. 지구에서 성이 없는 생물들은 한 개체에서 새로운 개체가 자라 나오거나, 몸이 몇 개의 조각으로 나뉜 뒤 각각의 조각이 독립된 개체로 자라나는 방식으로 번식함. 이것을 무성 생식이라고 함.

무성 생식을 하는 효모와 히드라

지구의 효모는 그냥 둘로 나뉘어(이분법) 개체를 늘리고, 히드라는 부모 개체에서 자손 개체가 떨어져 나오며(출아법) 자란다. 짝을 찾을 필요도 없고, 개체를 늘리고 싶을 때 얼마든지 번식이 가능하다. 그러나 나쁜 돌연변이 유전자가 반복되면, 환경에 적응하지 못하는 문제가 생긴다.

효모 : 이분법
히드라 : 출아법

성은 진화의 결과

- 지구인들이 번식을 하기 위해서는 반드시 남성의 정자와 여성의 난자가 만나 수정체를 만들어야 함. 이렇게 여성과 남성, 두 개의 성이 만나 번식하는 것을 유성 생식이라고 함. 지구인이 유성 생식을 하는 이유는 진화의 과정에서 유리한 선택을 하기 위해서임. 두 개체로부터 유전 물질이 섞여 새로운 개체를 만드는 과정에서 유전적으로 다양해지는 것이 진화에 유리하다고 본 것. 지구인들은 계속 유전 물질을 섞어 환경에 잘 적응하는 존재가 더 많이 태어나기를 원하고 있음.
- 지구인의 유전자는 계속 변화함. 다양한 돌연변이가 생겨나서, 환경에 더 잘 적응하는 개체가 살아남음. 지구인들은 이 유전자 정보를 아주 중요하게 여기기 때문에, 번식을 위해 생식 세포를 기증받는 경우, 기증자의 유전자를 매우 꼼꼼히 따지는 경향이 있음.

지구인의 신체 차이

- 지구인 남녀를 구분하는 방법을 찾아보았음. 해부학적인 구조에서는 큰 차이가 없음. 그림에서 보듯 206개의 뼈와 650개 정도의 근육, 4~6리터의 혈액과 피부로 구성됨. 하지만 남자와 여자는 근육과 지방 등의 비율, 키와 몸무게 등이 평균적으로 다름. 물론 예외도 많긴 함. 가장 확실한 차이는 생식 기관의 차이이나, 이것은 지구인들의 필수품인 옷으로 가리고 있으면 잘 보이지 않음.

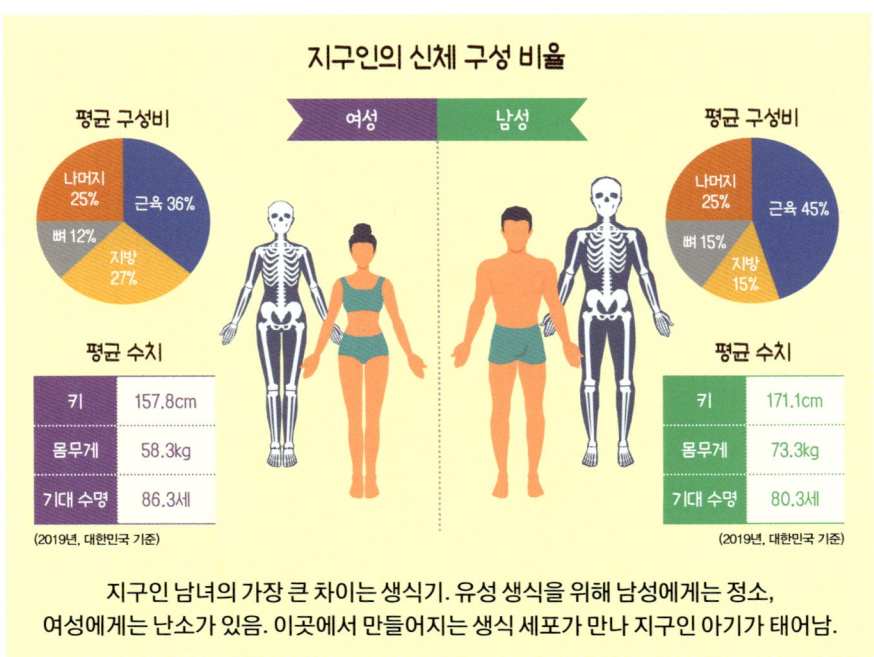

- 지구인들에게 여성과 남성을 특징짓는 몇 가지 기준이 있기는 함. 지구인들은 남성이 여성보다 공간 지각 능력과 운동 능력이 뛰어나고, 여성은 남성보다 의사소통 능력과 기억력이 좋다고 여김. 그러나 이러한 특징은 개인차가 매우 크고, 환경이나 교육, 훈련 정도에 따라서 얼마든지 바뀔 수 있음. 결과적으로 지구인의 성별 차이는 별로 중요하지 않아 보임. 하지만 단순한 지구인들은 이 차이에 신경을 아주 많이 씀.

2

두근두근 사랑 고백

커플이 되기 위해 매우 애쓰는 지구인들

임시 본부로 돌아오던 라후드는 한 무리의 어린 지구인들을 보고 걸음을 멈췄다. 아싸를 앞에 두고 서 있는 모습을 보니 아싸 팬클럽 같았다.

'한동안 잠잠하더니 또 나타났군.'

라후드의 짐작은 틀렸다. 어린 지구인들은 아싸에게 고백을 하러 온 여자아이와 그의 친구들이었다.

"지구인은 변덕스러운 줄 알았는데 아싸 팬은 끈질기다."

바바는 흩어지는 아이들을 보며 중얼거렸다.

"팬이 아니다. 고백이다. 벌써 세 번째다. 지구인은 정말 성가시다."

"고백이 뭐냐?"

"지구인들이 서로 사귀자고 제안하는 거다. 말로 고백하기도 하고, 꽃이나 선물을 주며 이벤트를……."

진저리를 치는 아싸 대신 라후드가 대답했다.

"알았다. 그럼 사귀는 건 뭐냐?"

지구의 과학 기술과 환경 탐구만 하는 바바는 지구인의 문화에 대해 몰라도 너무 몰랐다. 라후드는 지구 문명 전문가답게 자세하게 알려 주었다.

"'사귐'은 사랑이라는 감정을 느끼고, 함께 시간을 보내며, 상대방이 내 자손을 남기기에 적합한지 알아보는 행동이다. 사귀기 시작하면 친구나 이웃보다 훨씬 가깝고 특별한 관계가 된다. 주로 남자와 여자가 사귀는 일이 많지만, 꼭 다른 성별끼리 사랑하고 사귀는 것만은 아니다."

"알았다. 고백과 사귐은 보통 두 명의 지구인 사이에 일어나는 일이군. 그런데 어린 지구인들은 왜 여럿이 몰려왔지?"

잠시 후 라후드가 외계 문명 탐험가다운 제안을 했다.

"아싸가 고백을 받아들여 지구인과 사귀어라. 지구인을 더 깊이 탐구하면 그 이유를 알게 될 거야."

"정체도 들키게 될 거야."

라후드보다 높은 이성을 가진 아싸는 딱 잘라 거절했다.

아싸는 그 후로도 두 번 더 고백을 받았다. 아싸는 학교가 두 배로 더 싫어졌다.

'고백 놀이가 유행인가? 고백받기 싫다. 지구인들과 얽히기 싫다. 유행 놀이, 정말 싫다.'

아우레 최고의 이성인 아싸의 분석은 틀렸다. 고백하기는 잠깐의 유행이 아니었다. 사춘기에 들어선 지구인들에게는 오래전부터, 늘, 쭉 있었던 일이다. 이성에 대한 관심이 폭발하게 된 아이들은 교실에서, 도서관에서, 운동장에서, 쉼터에서, 고백하고 차이고 사귀고 헤어졌다.

아직 고백 행렬에 끼지 못한 아이들도 관심을 갖고 지켜보았다. 언젠가는 자신도 고백의 주인공이 될 거라 생각하며……. 써니도 그중 한 명이었다.

'아! 나도 당당하게 고백하고 싶다. 아니, 근사하게 고백받으면 좋겠어.'

써니는 호호호 웃으며 영어 학원 버스에 올랐다.

"써니야."

같은 반 민재가 갑자기 써니를 불렀다.

써니도 고백을 받았다. 느닷없이, 별로 친하지도 않은 민재에게. 써니는 당황해서 물었다.

"갑자기, 나한테, 왜?"

"예전에는 잘 몰랐는데 영어 학원에서 자꾸 보니까 너 되게 귀엽더라. 내일까지 생각해 보고 대답해 줘. 핸드폰 줘 봐. 내 번호 찍어 줄게."

써니가 어버버하는 사이, 민재는 써니의 핸드폰에 제 번호를 남기고 여유 있게 손을 흔들며 내렸다. 안 보는 척 보고 있던 주변 친구들이 꺅 소리를 지르며 달려들었다.

써니는 고개를 절레절레 흔들며 호기심 가득한 친구들의 시선을 물리쳤다. 하지만 입가의 미소는 감출 수 없었다. 별로 관심 없었던 민재지만 어쨌든 기분 좋았다.

"너, 걔랑 사귈 거야?"

준이 써니를 따라 내리며 물었다. 혼자서 첫 번째 고백의 설렘을 즐기려던 써니는 준이 성가셨다.

"그걸 왜 너한테 말하니?"

"걔 금사빠야. 아무한테나 사랑에 빠져서 막 고백하고 막 사귀고 금방 헤어져."

써니는 기분이 팍 상했다.

"지금 내가 아무나라는 거야?"

"아니, 그런 건 아닌데……. 장민재는 지금까지 키 큰 애들만 사귀었어. 갑자기 왜 저러지? 넌 키도 쪼그만데."

 써니는 빽 소리를 지르고 대문을 세게 닫았다. 철컹, 닫히는 대문 소리가 유난히 차갑게 울렸다.

 "너도 민재한테 관심 없었잖아. 근데 왜 화를 내고 그래?"

 준은 닫히는 문 앞에서 한마디 보탰다.

 "어휴, 왜 하필이면 민재야."

 써니는 속이 상했다.

 민재는 아주 어릴 때 친구였다. 다섯 살, 여섯 살 때는 거의 매주 토요일마다 만났다. 하지만 그 이후로는 말을 해 본 적도 없다. 같은 반인 적도 없었고, 같은 방과 후 수업도 없었고, 놀이터에서 같이 논 적도 없다.

영어 학원에서 다시 만나기 전까지 써니는 민재랑 친구였다는 사실도 잊고 있었다. 어쩌면 잊고 싶었는지 모른다. 민재는 목욕탕 친구였기 때문이다.

어릴 때 써니는 할머니를 따라서 일주일에 한 번씩 목욕탕에 갔다. 민재도 엄마를 따라 목욕탕에 왔다. 써니는 목욕탕에서 맨날 울었다. 할머니는 때를 아주 세게 밀고, 살이 빨개지게 뜨거운 물에 담그고, 머리도 박박 감겼다.

"할머니, 아파, 아파."

징징거리며 울고 있을 때 민재가 다가왔다.

"나랑 놀래?"

써니는 민재의 손을 잡고 냉탕으로 따라가 놀았다. 민재는 목욕탕에서 하는 재밌는 놀이를 많이 알았다. 수영 놀이, 잠수 놀이, 거품 놀이, 바가지 놀이, 배 띄우기 놀이……. 써니는 목욕탕에 갈 때마다 손발이 퉁퉁 붇도록 놀았다.

써니는 눈을 질끈 감았다. 눈을 감고 있는데도 벌거벗은 어린 민재의 모습이 둥둥 떠올랐다. 그동안은 한 번도 기억난 적이 없는 모습이…….

"으악! 상상하지 마. 기억하지 마. 너 미쳤어?"

소스라치던 써니는 갑자기 두 팔로 제 몸을 가렸다.

"뭐야, 설마 민재도 뭘 기억하는 건 아니겠지? 안 돼!"

다음 날, 써니는 일부러 민재를 피했다. 민재를 보면 목욕탕이 떠올라 너무 부끄러웠다.

"어휴, 고백 같은 거, 안 받았을 때가 훨씬 좋았어."

써니는 고백의 설렘을 그만 떨쳐 버리기로 했다. 톡톡톡, 밤새 생각해 둔 거절 문자를 쳤다.

"알았다, 친구? 기다렸다는 듯 답을 보내네."

써니는 민재의 지나치게 간단한 답장이 아쉬웠다. 한 번 더 물어봐 주지! 고백하는 마음이 원래 이렇게 가볍나?

"아, 몰라, 몰라."

남친이 생기기도 전에 마음이 이렇게 복잡하다면 당분간은 없는 것도 좋겠다.

며칠 뒤 써니는 충격적인 장면을 목격했다. 써니에게 차인 지 얼마나 되었다고 민재는 또 고백을 하고 있었다. 그것도 루나에게. 써니 때보다 훨씬 많이 준비한 티가 팍팍 났다. 장소도 운동장의 쉼터로 잡고, 큰 리본을 단 사탕까지 준비했다. 요란한 준비 덕에 구경꾼들도 많이 몰렸다.

써니는 주먹을 불끈 쥐었다. 준의 말이 맞았다. 민재는 금사빠에다가 키 큰 애만 쫓아다니는 이상한 애였다. 흥!

지켜보는 아이들이 소리를 질러 댔다. 이성에 눈뜬 사춘기 지구인들에게 '사랑'이라는 말은 듣기만 해도 기분이 묘해지는 특별한 마법의 단어다. 하지만 외계인 루나에게는 마법이 통하지 않았다.

"너는 아직 이성의 사랑이 필요하지 않다. 후손을 남길 만큼 성적으로 성숙하지 않았다."

'사랑'보다 더 충격이 큰 '성'이라는 단어의 등장에 그야말로 난리가 났다. 써니도 충격을 받았다.

민재의 고백을 멋지게 차 버린 루나는 여자아이들의 영웅이 되었다. 여자아이들은 틈만 나면 루나 곁에 몰려와 남자아이들 이야기를 했다. 남자아이들은 틈만 나면 아싸 곁에 몰려와 루나 이야기를 했다.

루나는 고백을 세 번 더 받았다. 주위를 얼쩡거리는 남자아이들도 꾸준히 나타났다. 임무를 완수하기도 전에 정체를 들킬 가능성이 높아졌다.

"변신 실패를 인정한다."

루나는 사춘기 지구인으로 변신한 것을 후회했다. 아싸와 바바의 예측이 모두 맞았다.

"학교에 다니지 않고, 고백을 많이 받지 않고, 혼자 지구를 탐구할 수 있는 지구인으로 변신한다."

루나의 첫 번째 탐구 보고서는 탐사대원들도 모르게 아우레 행성으로 날아갔다.

몰래 지켜보던 바바는 토토로 변신하고 밖으로 나왔다. 마당 한구석에 숨겨 둔 무언가를 물고 조용히 줍줍의 지하실로 향했다.

보고서 34
지구인은 고백을 좋아한다

 2019년 11월 22일　　아우레 7385년 31월 24일　　작성자: 아싸

지구 사건 개요

* 초등학교에 또다시 새로운 놀이가 시작됨. 초등학생은 눈만 뜨면 새로운 놀이를 찾기 위해 온 힘을 다하는 지구인들임. 이번 주 놀이는 고백하기.
* 지구인들은 보통 초등학교 5학년 정도에 이성에 대한 관심이 생기는 것으로 보임. 나를 처음 만난 써니가 절친을 자처하며 계속 따라다녔던 것도 이러한 관심의 일종. 나를 향한 준의 날카로운 시선은 써니에 대한 관심 때문이었음.
* 초등학생이 된 루나 역시 고백 놀이에 동참하게 됨. 지구인들 사이에서 아우린은 어떤 모습이든 인기를 끄는 것으로 보임.

나도 고백받았다. 흐흐흐~

지구인에게 사랑이란

- 호르몬 분비가 왕성해지는 사춘기 무렵부터 지구인들은 이성에 대한 관심이 커짐. 이때 만들어지는 감정은 다양하고, 이러한 감정 중 하나가 사랑. 이 감정은 대상이 있을 때 생기지만 사랑을 하고 싶다는 욕구 때문에 만들어지기도 함. 주변의 가까운 지구인이 사랑을 시작하면 자신도 사랑하는 상대를 찾고 싶어 하는 것. (지구인들의 유행은 사랑에서도 예외가 아님.)

- 지구인에게 사랑은 긍정적인 효과를 이끌어 냄. 자기밖에 모르는 지구인이 자신보다 다른 상대를 더 많이 배려하는 것도 사랑의 힘. 사랑하는 지구인들은 계속 같이 있으려 하고, 스킨십을 즐기고, 얘기를 끊임없이 이어 감. 사랑이라는 감정의 끝이 늘 좋지만은 않다는 걸 알면서도 지구인들은 사랑을 찾는 일을 반복함.

- 지구인들은 혼자 살기도 하고 둘이 살기도 하고, 그 이상의 수가 함께 살기도 함. 둘 이상이 한 집에서 사는 지구인들은 상대방에 대한 사랑, 친구와의 친밀한 애정, 가족끼리의 끈끈한 애착 등 다양한 종류의 사랑을 가지고 있음.

지구인들이 고백을 할 때

- 보통의 지구인들에게 고백은 굉장한 용기가 필요한 일. 고백했다가 거절당하는 것을 매우 두려워하기 때문에, 바로 고백하지 못하고 망설임. 심지어 다양한 조건을 만들어서 고백의 성공 확률을 높이려고 함.
- 지구의 연구 결과에 따르면, 상대방이 약간 불안정한 마음이 들 때가 고백하기 좋은 타이밍. 아주 오래전부터 지구인들은 어두워지는 저녁이 되면 불안해져서 안전한 집으로 돌아가려 했음. 이것은 고백에도 마찬가지. 약간 어두워지는 시간이 되면 지구인들은 안정을 추구하는 마음이 높아져서 사랑하는 사람과 함께 있고 싶어 함. 이럴 때 고백을 하면 성공 확률이 높아짐.
- 비가 오는 날씨도 고백하기 좋은 조건. 습도가 높으면 애정을 갈망하는 감정 수치가 높아진다고 함. 오래전에는 습도가 높고 비가 많이 온다는 것은 홍수 같은 자연재해를 떠올리게 했기 때문에, 이러한 불안 심리가 안전한 사람과 함께 있고 싶다는 마음을 만들어 낸 것.
- 지구인의 뇌는 불안과 설렘을 구분하지 못함. 심장이 두근거리고 숨이 가쁜 증세가 똑같기 때문. 무서운 롤러코스터를 탈 때 고백을 한다면 상대가 좋아서 심장 박동 수가 높아졌다고 생각해 고백을 받아 줄 확률이 높아짐.
- 지구인들이 생각하는 고백하기 좋은 조건을 봤을 때, 학교에서 유행하는 초등학생들의 고백 놀이는 조건을 충족하지 못한 것으로 보임.

지구 동물의 다양한 구애 활동

- 지구 동물들은 상대방의 관심을 끌고 사랑 고백에 성공하기 위해 다양한 노력을 함. 바우어새는 암컷을 유인하기 위해 길게는 1년 동안 으리으리한 집과 정원을 짓고 화려한 꽃과 열매로 장식함. 너무 눈에 잘 띄어서 이곳이 바우어새의 정원이라는 걸 천적도 알아챌 수 있음. 어깨걸이극락조라는 검은 새는 암컷을 유혹하기 위해 얼굴을 크게 부풀리고 푸른 형광빛으로 눈과 턱을 빛내고 춤을 춤. 군함조는 하늘을 날아다니는 암컷을 유혹하기 위해 목 아래쪽의 붉은 턱밑주머니를 크게 부풀려 상대방 눈에 잘 띄게 해서 자신이 얼마나 매력적인 존재인지 보여 줌.

- 수컷 공작새는 길고 화려한 꼬리를 통해 자신이 얼마나 대단한 존재인지 암컷에게 뽐냄. 하지만 이 꼬리는 장식용일 뿐, 살아남는 데에는 아무런 도움도 되지 않음. 밝은색은 포식자의 눈에 띄기 쉽고, 긴 꼬리는 도망갈 때 방해가 될 뿐임. 하지만 길고 화려한 꼬리를 가지고도 살아남았다는 것은 불리한 조건에서도 살아남는 강력한 수컷이라는 증거가 됨. 생존에 아무 쓸모도 없는 꼬리를 그저 암컷에게 보여 주기 위해 달고 다니는 것이 매우 어리석어 보임.

- 지구인도 이와 비슷한 행동을 함. 자신이 얼마나 유전적으로 뛰어난지 보여 주기 위해 고가의 선물을 하고 외모를 정성껏 가꿈. 어느 지구인 진화 심리학자는 지구인들이 비싼 학비를 내야 하는 대학에 들어가려고 애쓰고, 예산을 초과하는 비싼 자동차를 선호하는 이유가 짝짓기에 유리하기 때문이라고 분석함. 수컷 공작새의 꼬리가 지구인에게는 유명한 대학과 고가의 차인 셈.

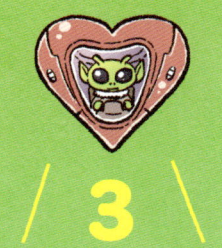

3

모두가 특별해

지구인이 닮은 듯 다른 이유

써니는 어쩌다 루나와 같이 걸어와 버렸다. 같은 반에, 바로 옆집이다 보니 우연히 만나 버렸다. 아싸랑은 우연히 만나면 좋기만 한데, 루나랑 같이 걷는 모습은 아무에게도 들키고 싶지 않았다. 언니랑 다니냐는 말을 들을까 봐…….

'어휴, 난 왜 이렇게 안 크는 걸까? 누가 나를 5학년이라고 보겠어?'

써니는 속상해서 한숨만 나왔다.

요즘 써니 친구들의 최대 고민은 여드름이다. 그동안 써니는 여드름이 안 난다며 좋아했다. 유니 언니도 여드름으로 고민하는데, 자신은 좋은 피부를 타고났다며 자랑스러워했다. 언니를 놀리기도 했다.

하지만 이제 안다. 여드름은 안 나는 게 아니라 못 나는 거다. 써니가 친구들에 비해 성장이 너~무 느려서······.

써니는 아직 이차 성징이 시작되지 않았다. 엄마는 클 때 되면 다 큰다고 안달복달하지 말라고 하지만 5년 내내 키 번호는 1번. 꼬맹이, 귀엽다는 말은 이제 정말 사양하고 싶다.

"루나는 정말 어른 같은데······."

크고 성숙한 루나가 떠올라 써니는 더 울상이 되었다.

써니는 갑자기 언니의 속옷 서랍을 뒤졌다.

마침 집에 온 유니는 써니를 보고 경악했다. 해진이까지 같이 왔는데 이게 무슨 창피한 꼴이람!

유니는 빽 소리를 질렀다. 해진은 풋 웃었다. 그래도 어린 동생의 마음을 생각해서 얼른 웃음을 감추고 물었다.

"써니, 생리대 필요했구나."

"아니야. 그냥, 그냥 한번 본 거야."

써니는 부끄러워서 목소리가 기어들었다. 유니는 민망해서 목소리가 커졌다.

"내 물건 만지지 말랬지! 나가! 쪼그만 게."

"안 쪼그맣거든!"

"쪼그맣거든. 난 5학년 때 너보다 훨씬 컸거든. 나가."

"하나도 안 부럽거든!"

써니도 같이 소리를 질렀지만 결국 쫓겨났다. 솔직히, 창피해서 더 버티고 싶지도 않았다.

써니는 살짝 방을 엿보았다.

유니와 해진은 쇼핑해 온 물건들을 침대에 늘어놓고 도란도란 이야기를 나누고 있었다.

써니랑 있을 때는 짜증 내고 아옹대는 유니가 해진에게는 상냥하고 부드럽기만 했다.

"쳇, 밖에서만 착한 척하고!"

써니는 심통이 나서 홱 돌아섰다. 그때 해진이 속삭이는 소리가 들렸다. 써니는 귀를 쫑긋 세웠다.

"네 동생, 귀엽다. 빨리 어른이 되고 싶나 봐."

"아유, 창피해서 정말. 애가 아직 너무 어리다니까. 내가 괜히 미안하다!"

유니는 깔깔거리면서 사과했다. 써니는 웃음거리가 된 것 같아 기분이 좋지 않았다.

써니는 어릴 때부터 언니랑 안 닮았다는 이야기를 많이 들었다. 언니를 무척 따랐던 써니는 그런 말을 들을 때마다 섭섭했다. 유치원 때는 언니를 안 닮았다며 운 적도 있다.

언니는 어땠을까? 마침 언니가 써니를 들먹이며 소곤거렸다.

"써니랑 나는 머리카락부터 발가락까지 하나도 안 닮았어."

"말도 안 돼. 친자매가 어떻게 하나도 안 닮냐?"

"친자매? 사실, 우리 집에는 출생의 비밀이 있는데……."

또 그 얘기야? 어릴 때부터 유니는 써니를 주워 왔다고 종종 놀리곤 했다. 유니는 장난이라고 했지만, 써니는 들을 때마다 속상하고 약 올라서 엉엉 울었다.

써니는 문에 귀를 더 바짝 댔다. 하지만 소곤대고 깔깔대는 소리뿐, 뭐라고 하는지 알아들을 수가 없었다. 써니는 기분이 팍 상했다.

"쳇, 좋아 죽겠냐? 웃겨, 진짜."

써니는 팩 토라져서 집 밖으로 나갔다. 언니와 친구가 자꾸 자기 얘기를 하는 것 같아서 피하고 싶었다.

닮은꼴들 사이에서 익숙한 뒷모습이 보였다. 축 처졌던 써니의 어깨가 단번에 올라갔다.

"아빠!"

써니는 아빠에게 달려갔다. 언니 때문에 서러웠던 마음을 다 털어놓을 테다. 맛있는 것도 사 달라고 해야지. 용돈도 좀 달라고 할까? 언니 약 오르게.

"아빠, 언니 친구가 놀러 왔는데 글쎄, 나보고 막 나가라고 하고……."

"유니가? 아이고, 왜 그랬지?"

역시 아빠는 써니 편이었다. 써니는 마음이 조금 풀렸다.

"딸인가 봐요."

써니는 그제야 아빠 옆에 손님이 있다는 걸 알아챘다. 순간 얼굴이 확 달아올랐다. 모르는 사람도 있는데 다 커 가지고 아빠한테 어리광을 피우다니, 민망해 죽겠다.

써니는 대충 인사를 하고 돌아가려 했다. 하지만 아빠는 두 손바닥으로 써니의 볼을 마구 쓰다듬으며 아기 취급을 했다.

"우리 작은딸이에요. 귀엽죠?"

"네, 귀엽네요. 근데 아빠는 영 안 닮았어요. 엄마 닮았나?"

"그죠? 저를 안 닮아서 얼마나 다행이에요. 덕분에 이렇게 예쁘잖아요. 하하하."

아빠와 손님은 농담을 주고받으며 호탕하게 웃었다.

써니도 아빠 얼굴을 봐서 억지로 웃어 주려 했지만 섭섭해서 잘 안됐다.

지구가 다 나를 몰아세우는 것 같은 날이었다. 이럴 땐 사람보다 동물에게 위로를 받고 싶다. 써니는 아싸네 집으로 갔다. 외출하려던 바바 할아버지가 문을 열어 주고 나갔다.

"토토~, 누나 왔다."

써니는 우렁차게 토토를 불렀다.

"토토 없다. 가라."

아싸가 매몰차게 말했지만 써니는 집 안으로 돌진했다.

"아싸, 푸르메 공원 가서 고양이들이랑 놀래? 초코가 새끼 낳았대. 엄청 귀엽대."

"그럼 나도."

아싸는 쪼르르 루나를 따라 나왔다. 써니는 또 기분이 상했다. 남의 일에 통 관심 없는 아싸가 루나를 따라나선 것도, 키가 커서 꼭 언니 같은 루나와 나란히 걷는 것도 별로였다.

기분으로 치면 아싸도 별로였다. 아싸는 당연히 써니도, 새끼 고양이도, 루나의 일에도 상관하고 싶지 않았다. 하지만 루나가 써니를 따라갔다가 외계인처럼 굴까 봐, 정체를 들킬까 봐 어쩔 수 없었다.

보고서 35
지구인은 복제할 수 있다

 2019년 11월 25일   아우레 7385년 31월 39일 작성자: 아싸

지구 사건 개요

* 써니는 루나와 함께 있는 것을 좋아하지 않음. 그런데도 계속 옆에 있으려고 함. 지구인들은 보통 좋아하는 사람 옆에 있으려고 하는데 이해되지 않음.
* 지구인들과 어떠한 것도 함께하고 싶지 않은 나와 달리, 루나는 지구인들의 일상에 침투하는 것에 두려움이 없음. 오늘도 루나가 써니의 공원 산책에 동참하려 하여, 루나를 감시하기 위해 어쩔 수 없이 동행함.
* 지구인은 닮음에 매우 집착한다는 사실을 알게 됨. 특히 자신의 가족과 얼마나 닮았는지 계속해서 확인함. 아우린처럼 유전자를 복제하면 이런 일이 없을 텐데, 굳이 불안해하며 자신과 다른 자손을 낳는 이유가 궁금함.

지구인들은 부모와 50%의 유전 정보를 공유한다

- 지구인은 여성의 난자와 남성의 정자가 만든 수정체가 세포 분열을 해 만들어짐. 유성 생식을 하기 때문에, 여성 또는 남성만으로는 자식을 낳을 수 없음. 지구인은 엄마와 아빠의 염색체를 반씩 가지고 있는 수정체가 계속 나뉘어 만들어지기 때문에, 기본적으로 부모의 유전 정보를 반씩 가지게 됨.
- 그러나 지구인은 아빠의 모습 50%, 엄마의 모습 50%로 태어나지 않음. 부모의 유전자 중 어느 한쪽만 발현되거나, 두 유전자가 뒤섞여 새로운 특징이 탄생하는 경우도 있기 때문. 태어난 후에도 환경과 교육, 경험에 따라 달라지기 때문에 어떤 모습은 부모를 닮지만 부모와 닮지 않은 모습도 갖게 됨.
- 지구인들은 간혹 자식들에게서 예상치 못한 모습을 발견하게 되면, "누굴 닮아 저럴까?"라는 소리를 함. 부모 중 누구를 닮아서 그럴 수도 있고, 누구를 닮지 않아서 그럴 수도 있음. 꼭 부모 중 한쪽을 닮아야 하는 것은 아님.

유전 정보가 담긴 염색체

지구인들은 누군가를 닮거나 닮지 않은 것을 매우 중요하게 생각한다. 과학자들이 지구인의 세포를 관찰해 알게 된 내용은 지구인의 유전 정보는 23쌍의 염색체에 반씩 담겨 전달되고, 이 중 1쌍이 성염색체로, 이후에 태어날 지구인의 성별을 결정한다.
여성의 성염색체는 XX로 같지만, 남성의 성염색체는 XY로 다르다. 여성의 난자와 만나는 남성의 정자에 들어 있는 성염색체가 X인지 Y인지에 따라 자손의 성이 결정되는 것. X를 가진 정자가 난자와 수정되면 딸이, Y를 가진 정자가 난자와 수정되면 아들이 태어난다.

지구인도 복제가 가능하다

- 지구인의 생명체 복제는 100년 전부터 시도되었음. 가장 유명한 복제 동물은 1996년에 태어난 복제 양 돌리. 그러나 이 복제 양은 양들 평균 수명의 반밖에 살지 못함. 당시의 생명체 복제 기술이 매우 부실했던 모양.
- 오늘날 지구의 동물 복제는 핵을 제거하여 유전 정보를 없앤 난자에 체세포의 핵을 넣어 활성화시키는 방법을 사용함. 난자의 유전 정보는 전달받지 않고 염색체가 온전히 들어 있는 체세포를 사용하기 때문에, 체세포를 제공한 동물과 똑같은 동물이 태어나게 됨.
- 특별한 능력을 가진 동물의 복제 동물은 능력도 거의 동일함. 예를 들어, 인명 구조나 폭발물 탐지 같은 일에는 후각이 뛰어난 개를 이용하는데, 이들의 체세포를 복제하면 비슷한 능력을 가진 동물을 쉽게 얻을 수 있음. 뿐만 아니라, 자신이 사랑하는 반려동물을 똑같이 만들어 내기 위해 생명 복제 기술을 사용하기도 함.

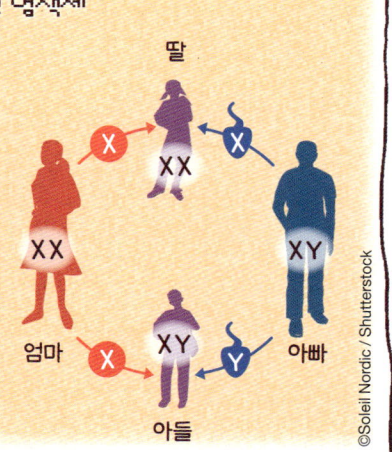

- 동물 복제 기술은 지구인의 이기적인 목적을 위해 사용되는 경우가 많음. 지구인들 역시 자신들이 이기적이라는 것을 알기 때문에, 지구인 복제는 엄격하게 금지하고 있음. 질병 치료를 위해 복제 인간을 만들어 이용했을 때 생기는 윤리적인 문제 등을 걱정하는 것.
- 질병을 완벽히 다룰 수 있는 아우레에서는 이런 문제를 걱정할 필요가 없으므로, 만약 지구에서 아우린과 어울리기 적합한 지구인을 발견하게 된다면 체세포를 보관하는 방법은 고려해 볼 만함. 그러나 이들의 모습이 지금보다도 더 똑같다면 아우린들에게 혼란을 가져올 수 있으므로, 각 지구인의 체세포는 한 번만 사용할 것.

지구인의 유전 물질 전달 경로

- 지구인을 이루는 세포의 개수는 계산하는 방법에 따라 7조 개에서 150조 개까지 차이가 날 수 있어 정확한 수는 아무도 모르지만, 30조에서 40조 개에 달하는 것으로 추측됨. 몸집이 커질수록 세포의 수는 늘어남. 정자와 난자가 만나 수정체가 된 이후부터 지구인의 세포는 계속 두 배로 늘어나기 때문. 어떤 세포들은 중간에 분열을 멈추지만, 어떤 세포들은 계속 생겨남.
- 세포 안에는 세포핵이 있고, 세포핵 안에는 유전 정보를 담은 염색체가 들어 있음. 지구인의 염색체는 46개. 세포가 분열할 때마다 염색체도 똑같이 복제되어 나뉘지만, 이 과정에서 돌연변이가 생기기도 함. 워낙 분열을 많이 하기 때문.

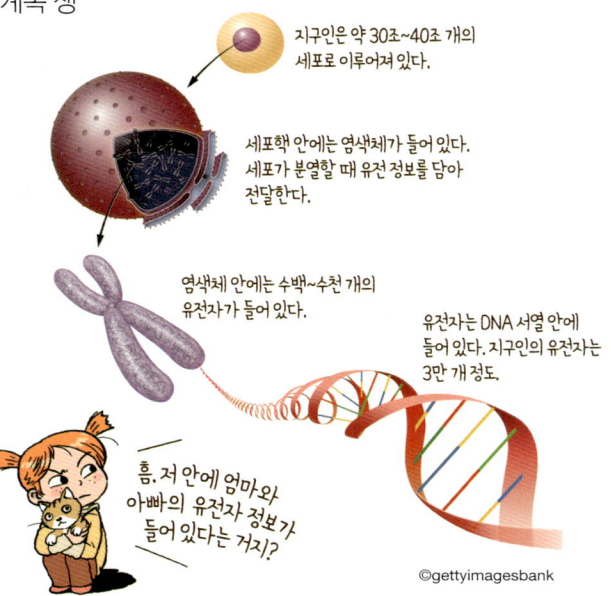

지구인은 약 30조~40조 개의 세포로 이루어져 있다.

세포핵 안에는 염색체가 들어 있다. 세포가 분열할 때 유전 정보를 담아 전달한다.

염색체 안에는 수백~수천 개의 유전자가 들어 있다.

유전자는 DNA 서열 안에 들어 있다. 지구인의 유전자는 3만 개 정도.

흠, 저 안에 엄마와 아빠의 유전자 정보가 들어 있다는 거지?

©gettyimagesbank

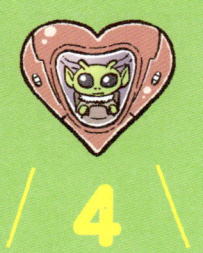

4

나 혼자 비밀 연애

첫눈에 반한 지구인들이
보이는 심각한 증세

유니는 또 도서실에 간다. 책 보러 가는 게 아니라 해진이를 보러 간다. 해진이는 도서 위원이다. 학교에서 제일 좋아하는 곳이 도서실이라고 했다. 책보다 도서실이 더 좋다고…….

"도서실은 책 읽으러 가는 데 아니야? 공부하러 가든지."

"수영장에 가면 다들 자유형, 접영, 배영, 평영으로 수영만 하니? 예쁜 수영복 입고, 커다란 튜브 타고 둥둥 떠다니기만 하는 사람도 있지. 비슷한 거야~."

도서실에 자주 다녀서 그런가? 해진이는 비유도 찰떡같이 잘했다. 해진이를 찾으러 도서실에 다니며, 유니도 점점 도서실에 익숙해졌다. 물놀이를 좋아하는 사람만 수영장에 가나? 친구 만나러 가서 아이스티만 먹고 와도 되지, 뭐.

해진이가 책을 정리하는 동안 유니는 도서실을 둘러본다. 도서실이란 공간, 보면 볼수록 괜찮다.

특별히 찾는 책이 없어도 중요한 책을 찾는 것처럼 진지하게 책장 사이사이를 걸으면 마음이 편안해진다.

'수지에게 버림받고, 외로움에 몸부림쳤을 때 도서실을 알았으면 좋았을걸. 혹시 알아? 외로움을 잊으려고 독서에 빠졌다가 공부까지 잘하게 되었을지……'

히히. 유니는 숨죽여 웃었다. 도서실에서는 말도 안 되는 상상을 해도 다 괜찮을 것 같다.

해진이 소곤거리며 안쪽 책장을 가리켰다. 정말, 좋아하지 않을 수 없는 친구다.

유니는 800번 책장 쪽으로 휙 돌다가 걸음을 탁 멈췄다.

갑자기 찬이 오빠가 떠올랐다. 희미하지만, 찬이 오빠의 티셔츠에서 쏙쏙 뽑아 간직한 추억의 냄새와 비슷한 냄새가 코끝을 스쳤다. 유니의 첫사랑 찬이 오빠가 여기 있을까? 유니의 심장이 쿵쾅쿵쾅 요동을 쳤다.

"책 못 찾았어?"

해진은 유니가 책을 못 찾은 줄 알고 직접 와서 찾아 주었다.

"여기 《겸의 편지》. 이건 첫사랑 웹툰, 이건 짝사랑 웹툰. 농구 선수 오빠를 짝사랑하는 이야긴데 완전 네 얘기다~."

"어, 맞아. 근데 찬이 오빠가 여기 있었던 것 같아."

"뭐? 너 짝사랑 끝났다며, 아직이야?"

해진은 무슨 뚱딴지같은 소리냐는 표정이었다.

"게다가 그 오빠, 우리 학교도 아니잖아~."

잠시 멍했던 유니는 퍼뜩 정신을 차렸다.

"헤헤, 그러게. 찬이 오빠를 왜 여기에서 찾아. 나 미쳤나 봐."

그러면서도 유니는 주위를 두리번거렸다. 추억의 병 냄새랑 정말 비슷했는데……. 내가 착각했을까?

"해진아, 혹시 너 무슨 냄새 못 맡았어? 약간 쿰쿰한 땀 냄새 같긴 한데……."

"땀 냄새? 그거야 학교에서 맨날 나잖아. 남자애들한테. 특히 비 오는 날은 지독하지 않냐? 근데 도서실에서는 잘 안 나는데? 개네들, 도서실에 잘 안 오니까."

"맞아, 그렇지? 근데……."

유니는 눈으로 도서실을 쭉 훑었다. 냄새의 시작점을 어디서 찾지? 도서실은 책장들에 가로막힌 미로 같았다.

유니는 집에 돌아오자마자 추억의 병을 꺼냈다.

냄새는 벌써 사라졌다. 코를 바짝 대고 흠흠 숨을 들이마셔도 소용없었다.

"그래도 토토를 구했으니까……."

유니는 혼자 좀 걷고 싶어서 옆집으로 갔다.

요즘 유니는 마음이 복잡할 때마다 혼자 걷고 싶었다. 하지만 혼자 산책하다 아는 애라도 만날까 봐 신경이 쓰였다. 수지랑 그렇게 된 이후, 유니는 친구가 없어서 혼자 다니는 애처럼 보이고 싶지 않았다. 그럴 때 토토는 좋은 친구다. 강아지 산책시킨다는 핑계도 되고, 귀여운 토토를 보고 있으면 위로도 되고…….

다음 날 점심시간에 유니는 혼자 도서실에 갔다. 해진에게도 말하지 않고 일부러 몰래 왔다. 찬이 오빠를 생각나게 하는 그리운 냄새의 비밀은 혼자 찾고 싶었다.

유니는 어제처럼 책장 가운데를 쭉 지나가다 800번 책장으로 휙 돌았다. 코끝을 스치는 추억의 병 냄새. 이번에는 훨씬 진하다. 유니는 책장 사이로 조심스레 걸어갔다. 웬 남자애가 책장 사이에 끼어 자고 있었다. 등은 벽에 기대고, 책을 얼굴에 덮은 채…….

유니는 살금살금 다가갔다. 남자아이의 호흡을 따라 책이 올라갔다 내려가며 움직였다. 유니는 살며시 손을 뻗었다. 들키면 너무나 창피할 것을 알지만 얼굴을 확인하고 싶었다.

　남자애의 얼굴을 확인한 순간 유니의 심장이 쿵 내려앉는 것 같았다. 얼굴은 화끈 달아오르고 호흡은 가빠졌다. 책을 잡은 손에 땀이 배었다.
　유니는 그 아이에게 한눈에 반해 버렸다.

그 애는 유니의 손에 책을 턱 얹어 주고 갔다. 순간 추억의 병과 비슷한 냄새가 훅 끼쳤다.

유니는 그 책으로 얼굴을 가렸다. 얼굴이 너무 빨개져서 터질 것 같았다. 심장이 쿵쾅거리다 튀어나올 것 같았다. 터벅터벅 걸어가는 그 애의 뒷모습에서 눈을 뗄 수가 없었다.

유니는 그 애에게 받은 책을 빌렸다. 소중하게 꼭 안고 나왔다. 발이 땅에 닿는 것 같지 않았다. 구름 위를 걷는 기분이 이런 거구나!

"어, 책 빌렸어? 뭐 빌렸는데?"

해진이 책을 보려고 하자 유니는 얼른 뒤로 숨겼다.

"아니야. 나중에 보여 줄게."

그 애가 보던 책을 다른 애한테 보여 주고 싶지 않았다.

유니는 의아해하는 해진의 시선을 느끼면서도 책을 가방 속에 숨겼다가 수업 시간에 몰래 꺼내 보았다.

'그 애는 어디가 재미있었을까? 어느 쪽을 보다가 잠이 든 걸까?'

유니는 책장을 하나하나 넘기며 쓸어 보았다. 책장마다 그 애의 흔적이 묻은 것 같아 기분이 야릇했다.

유니는 틈만 나면 도서실에 갔다. 도서 위원인 해진보다 더 자주 갔다. 특히 점심시간에는 무슨 핑계를 대서라도 도서실에 들렀다. 그 애는 종종 같은 자리에서 잠을 잤다. 유니는 근처를 살금살금 맴돌며 힐끔힐끔 쳐다보았다.

어느새 해진이 다가와 말했다.

유니는 그제야 수현을 발견한 듯 시치미를 뗐다. 해진이 갑자기 생각난 듯 말했다.

"맞다. 수현이도 웹툰 좋아하는데. 꿈이 웹툰 작가거든. 여기서 맨날 만화책 보고 그래."

'취미도 비슷하다니. 어쩌면 우린 운명의 짝이 아닐까?'

유니는 남몰래 배시시 웃었다.

유니는 자꾸 수현이 생각났다. 일부러 떠올리지 않아도 수업 시간에 문득, 밥을 먹다가도 문득, 잠을 자려고 누우면 당연한 듯 수현이 떠올랐다. 말도 제대로 못 해 봤는데 꿈에도 나타났다. 꿈속에서 수현은 다정하고 멋졌다.

그날도 유니는 800번 책장 쪽으로 다가갔다.

수현은 바닥에 앉아 그림을 그리고 있었다. 유니의 심장이 벌렁거리고, 얼굴은 달아올랐다. 꽉 쥔 손에는 땀이 찼다. 수현이 유니를 올려다보았다. 무슨 일이냐는 표정이었다. 유니는 용기를 내어 한 발 다가갔다. 수현의 그림이 눈에 들어왔다.

"아, 안녕. 그림 예쁘다. 나 가져도 돼?"

유니도 모르게 튀어나온 말이었다. 수현은 놀란 눈으로 유니를 쳐다보았다.

'잘 알지도 못하는 애한테 대뜸 그림을 달라고 하다니. 미쳤지, 미쳤어.'

유니는 수현이 이상하게 생각할까 봐 구차한 변명을 마구 붙였다.

"원래 내가 아무한테나 그림 달라고 잘 그래. 그림을 좋아해서. 하하. 나 이상한 애는 아닌데……."

"가져, 그림."

수현은 노트를 북 찢어서 그림을 유니에게 내밀었다.

"고마워."

유니는 행복한 미소를 지으며 그림을 받았다.

수현이 피식 웃었다.

"별로 잘 그린 것도 아닌데, 뭐."

수현이 사라진 자리에 기분 좋은 냄새가 머물렀다. 유니는 숨을 크게 들이마시고 그림을 바라보았다.

"어디서 본 적 있는 것 같은 캐릭터인데……."

유니는 수현의 그림을 빽빽한 공책 사이에 끼웠다. 아무에게도, 해진에게도 안 보여 주고 집으로 소중히 모셔 왔다.

"수현이는 이런 스타일 좋아하나? 귀여운 스타일?"

유니는 거울을 들여다보았다. 아무리 봐도 귀여운 스타일은 아니었다. 그림처럼 앞머리가 짧으면 좀 귀여워 보이려나? 유니는 1년도 넘게 공들여 기른 앞머리를 만져 보았다.

사랑에 빠진 지구인의 뇌 분석

 2019년 11월 27일   아우레 7385년 31월 49일   작성자: 오로라

지구 사건 개요

* 지구인들은 다양한 감정을 가지고 있음. 특히 사춘기 유니의 감정은 종류도 많고 시도 때도 없이 변하는 것으로 보임. 요즘 유니의 감정을 지배하는 것은 좋아하는 상대에 대한 애정.
* 유니는 딱 두 번 만난 지구인 때문에 매우 비이성적으로 행동하기 시작함. 오늘은 수현이라는 지구인 때문에 이마에 난 몇 가닥 털을 자르고서는 미용실에 와 난동을 피움. 미용실에서의 임무가 쉽지 않음.
* 지구인들은 머리카락의 길이를 중요하게 생각함. 특히 이마 위쪽에 난 털의 길이를 더 중요하게 여기는 듯. 머리카락 길이에 예민한 지구인은 정 박사만이 아니었음.

지구인에게 "첫눈에 반하다"의 의미

- 어떤 지구인은 살면서 처음 본 지구인에게 사랑을 느끼기도 함. 단 몇 초 만에 외모, 냄새, 인상만으로 상대를 짝으로 선택하고 애정을 느끼는 매우 비이성적인 상태임.
- 실험 결과, 실제로 지구인 뇌의 전전두엽은 뇌의 전 영역을 풀가동하여 아주 짧은 시간 동안 상대의 얼굴만 보고도 상대방과 사귀고 싶은지 아닌지 판단을 내림. 하지만 이것은 생물학적인 이끌림일 뿐이고, 지구인들의 짝 찾기가 항상 비이성적이고 빠른 결정만으로 이루어지는 것은 아님.
- 첫눈에 반한 순간, 지구인의 뇌에서는 테스토스테론 같은 성호르몬과 도파민이라는 신경전달물질이 분비됨. 테스토스테론과 도파민은 지구인을 흥분되고 기쁘게 만듦. 이들 외에도 사랑에 빠진 지구인의 뇌에서 분비되는 여러 화학 물질들은 지구인의 정서, 동기, 인지 등에 영향을 미쳐, 괜히 기분이 좋고 모든 일을 아름답게 생각하는 이상 현상을 일으킴.

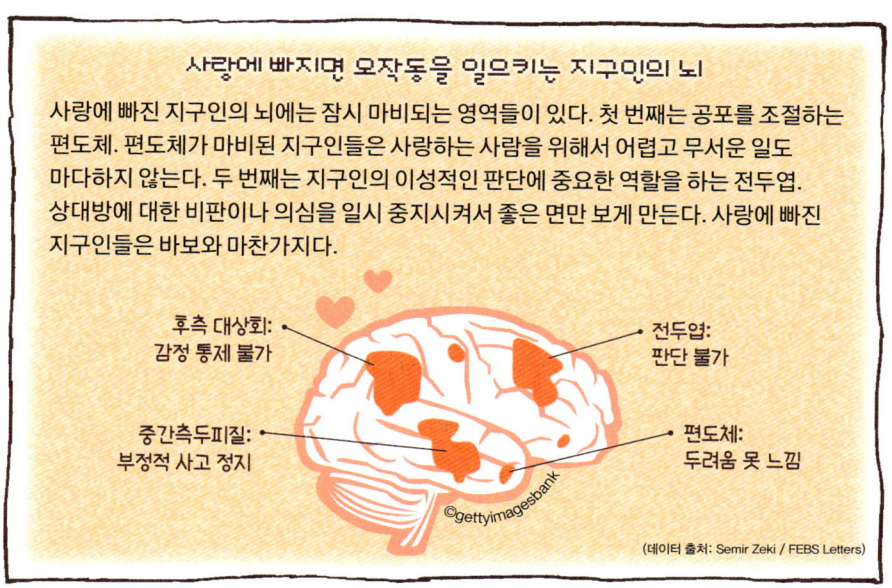

지구인은 첫사랑을 잊지 못한다

- 몇몇 지구인들에게 첫사랑은 평생 잊지 못하는 기억. 지구의 한 연구자는 첫사랑의 기억이 만들어 내는 자극이 평생 유지되기 때문에, 첫사랑을 잊지 못하는 것이라고 이야기함. 누군가와 손을 잡을 때 인생에서 처음 손을 잡은 기억이 함께 떠오르고, 이런 일이 반복되면서 장기 기억에 저장된 첫사랑을 오래 기억할 수 있는 것.
- 첫사랑이 이루어지지 못했기 때문에 잊기 어렵다는 설명도 있음. 이를 '자이가르닉 효과'라고 하는데, 하고 있던 일을 끝마치지 못했다는 미련 때문에 그 일을 계속해서 떠올리게 되는 현상을 말함.
- 지구의 드라마가 아주 극적인 순간에 끝나는 이유도 이와 관련이 있음. 이야기를 도중에 끊어 버리기 때문에, 시청자들은 계속해서 드라마를 기억하게 되고, 다음 화가 나올 때까지 전전긍긍하게 되는 것. 하다가 마는 게 기억에 도움이 된다니, 지구인들의 기억법은 매우 이상함.

지구인의 사랑은 뇌가 만든다

- 수현은 다른 남성 지구인들과 다를 바 없는 아주 평범한 지구인. 하지만 유니는 수현이 향긋한 냄새와 멋진 코를 가지고 있고, 머릿결도 좋다고 평가함. 다른 지구인 커플들도 마찬가지. 지구인들은 좋아하는 상대가 매우 잘생기고 예쁜 존재라고 인식함.
- 이것은 바로 사랑에 빠진 지구인의 뇌에서 분비되는 페닐에틸아민과 노르에피네프린 때문임. 페닐에틸아민의 농도가 증가하면 이성의 힘이 약해지고, 열정과 흥분감에 빠짐. 상대방의 결점이 보이지 않을 정도로 행복해져 버리는 것. 이때 함께 분비되는 노르에피네프린은 지구인의 몸을 각성 상태로 만들어 좋아하는 사람 말고는 다른 것에 신경 쓰지 못하게 함.
- 하지만 이런 상태는 오래 지속되지 못함. 사랑을 시작하게 했던 신경전달물질과 호르몬의 분비가 줄어들고 상대방이 주는 자극에 익숙해지면 사랑이 끝나기 때문. 지구인들의 정열적인 사랑은 고작 평균 2~3년 정도밖에 유지되지 않음.
- 그렇다고 지구인들이 딱 2~3년만 사귀고 헤어지는 것은 아님. 처음의 열정은 지속되지 않을지 몰라도, 오래도록 좋은 관계를 유지하는 커플들도 많음. 이들의 뇌에서는 옥시토신, 바소프레신 등 서로를 지키고 애착을 형성하도록 하는 호르몬이 분비됨. 지구인의 사랑에는 호르몬이 끊임없이 관여함.

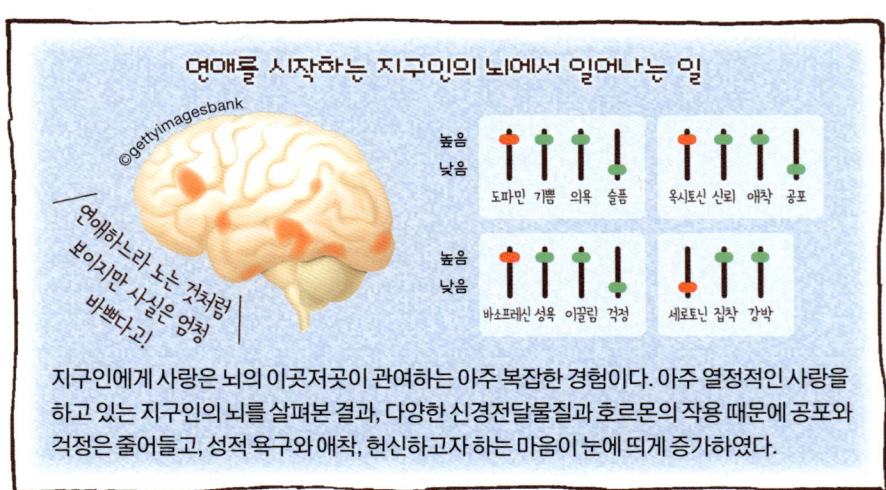

지구인에게 사랑은 뇌의 이곳저곳이 관여하는 아주 복잡한 경험이다. 아주 열정적인 사랑을 하고 있는 지구인의 뇌를 살펴본 결과, 다양한 신경전달물질과 호르몬의 작용 때문에 공포와 걱정은 줄어들고, 성적 욕구와 애착, 헌신하고자 하는 마음이 눈에 띄게 증가하였다.

5

꽁치의 말 못할 고민

지구인들은 자신의 몸에
무척 신경을 쓴다

꽁치는 제일 좋아하는 고기 뷔페에서 기분이 팍 상했다. 그래도 고기는 꾸역꾸역 많이 먹었다. 키 크려고. 사실은 맛있어서 먹었다. 우걱우걱.

꽁치는 키 때문에 스트레스가 아주 많다. 초등학생 때부터 작았지만 키 번호 3, 4번은 유지했는데, 중학생인 지금은 반에서 제일 작은 것 같다. 엄마 몰래 운동화에 키 높이 깔창을 깔았는데도 멸치랑 비슷하다. 깔창을 빼면 멸치보다 작은 거다.

그뿐만이 아니다. 몸에 나는 털도 솜털밖에 안 났고, 변성기도 안 왔다. 벌써 어른 몸에 가까운 친구들을 보면 자존심도 상하고 부끄러워서 친구들하고 화장실도 가기 싫고, 수영장, 목욕탕도 가기 싫었다. 그런데 이 모든 걸 한꺼번에 치러야 할 운나쁜 날이 생겼다.

건강 검사 날, 중학교 교실에는 전운이 감돈다. 아이들은 자기 몸에 신경을 곤두세우고, 친구들과 비교하느라 야단법석이다.

중학생들은 대부분 이차 성징을 겪는다. 어린이의 신체에서 성숙한 성인의 신체로 변화하고 있다. 지구인이라면 누구나 겪는 변화지만 어떤 아이들은 자랑스러워하고, 어떤 아이들은 부끄러워한다.

꽁치는 양말을 두 개나 신었다. 먼저 도톰한 수면 양말을 신고 그 위에 양말을 하나 더 신었다.

'2센티미터는 더 크게 나오겠지.'

꽁치는 인터넷에서 찾아본 대로 허리와 목을 쭉 빼고 키를 쟀다. 애쓴 보람도 없이 꽁치는 반에서 가장 작았다. 그 사실이 공식적으로 밝혀지진 않았지만.

곰치는 몸무게가 고민이었다. 최근에 키가 쑥 커서 좋아했는데, 살도 훅 쪄 버렸다. 100킬로그램이 아슬아슬하다.

'아무리 키가 커도 그렇지. 중학생이 100킬로그램은 너무하잖아!'

곰치는 몸무게를 늘리려고 빵과 물을 허겁지겁 먹어 치우는 갈치를 부럽게 쳐다보았다. 하지만 갈치도 갈비뼈가 도드라지는 마른 몸을 가리려고 교복 속에 티셔츠를 두 겹이나 껴입고 왔다.

여학생들은 주로 몸무게에 예민했다. 이차 성징이 나타나면서 여자아이들은 자연스럽게 살이 오른다. 하지만 많은 여자아이들이 비정상적으로 마른 몸을 원했다. 유니도 급하게 다이어트를 시작했다. 다이어트 방법은 최대한 적게 먹기.

"아, 배고파 죽겠다. 연필이라도 뜯어 먹고 싶어."

유니의 말에 해진은 깔깔 웃었다.

"난 며칠 굶으나 편하게 먹으나 몸무게가 똑같이 많이 나가더라고. 다이어트는 포기했어."

유니는 해진이 부러웠다. 해진은 유니보다 통통하지만 몸무게에 대한 스트레스가 별로 없다. 포기했다고 말했지만 사실은 통통한 자기 몸을 좋아한다.

'날씬한 것과 내 몸을 사랑하는 것 중 무엇을 택해야 할까?'

유니의 이성은 내 몸을 사랑하는 것이 낫다고 한다. 하지만 유니의 마음은 언제나 날씬하고 싶고, 더 마르고 싶다.

"이거 좀 먹을래? 그러다 너 쓰러진다."

해진이 바나나 우유에 빨대를 탁 꽂아 내밀었다. 유니는 고개를 저으면서도 바나나 우유에서 눈을 떼지 못했다.

"괜찮아. 몸무게 잴 때까지만 참으면 돼."

쪼로록. 해진의 입으로 올라가는 바나나 우유를 유니는 눈으로 같이 마셨다.

전쟁 같은 건강 검사가 끝난 오후, 생선파 아이들은 새로 생긴 워터 파크에 갔다. 버스를 타고도 한참 걸었지만 아무도 불평하지 않았다. 갈치가 수집해 온 특별한 정보 때문이었다.

"오늘 선미여고 누나들도 워터 파크에 간대!"

생선파들은 흐흐흐 웃으며 걸음을 재촉했다. 아이들은 몸이 커진 것만큼이나 성에 대한 관심도 높아졌다.

워터 파크에 선미여고 누나들이 온다는 말은 헛소문이었다. 아이들과 함께 온 가족들뿐이었다. 생선파는 잠시 실망했지만, 그러거나 말거나 신나게 물놀이를 즐겼다. 워터 파크에서 가장 크게 떠들며, 요란하게 놀이 기구 사이를 누볐다.

물 만난 생선파들은 오랜만에 신나게 놀았다. 꽁치도 그럭저럭 즐겁게 물놀이를 즐겼지만 사우나에서 또 기가 죽고 말았다. 꽁치는 어른이 다 된 친구들의 몸을 힐끔거리다 먼저 나왔다.

"벌써 씻었어? 기다려. 루이 형이 라면 사 준대."

꽁치는 재빨리 옷을 입고 알몸으로 당당하게 활보하는 친구들을 기다렸다. 라면이고 뭐고 집에 가고 싶었지만 삐쳤다는 말까지 듣고 싶진 않아서 묵묵히 친구들을 따라갔다.

사춘기 지구인은 신체 변화가 크다

 2019년 11월 28일   아우레 7385년 31월 54일 작성자: 라후드

지구 사건 개요

* 사춘기 지구인들은 자기 몸에 매우 관심이 많음. 다른 사람과 자신의 몸을 비교하고, 남들만큼 성장하지 않으면 슬퍼하고 때로는 부끄러워함.
* 지구인들은 키, 몸무게, 근육의 양, 이차 성징의 속도 등 다양한 성장 척도를 비교함. 무조건 크거나 많거나 빠르다고 좋아하는 것도 아님. 같은 상태일지라도 자신의 비교 대상에 따라 기뻐하기도 하고 슬퍼하기도 함. 이 문제로 지나치게 정신 건강을 위협하는 것으로 보일 정도.
* 꽁치는 나의 모습에서 자신의 이상형을 발견한 것으로 보임. 내가 좋아하는 음식을 먹으면 나의 지구인 모습처럼 될 것이라는 비이성적인 결론에 도달함.

지구인들은 자신의 몸을 매우 까다롭게 평가한다

- 사춘기가 된 지구인들의 몸은 호르몬 변화로 급격하게 발달함. 여성 호르몬인 에스트로겐과 남성 호르몬인 테스토스테론의 왕성한 분비가 성장 호르몬을 자극하여 지구인의 신체를 변화시킴.
- 지구인 남성은 고환이 발달하고 생식기 주변과 겨드랑이, 턱 등 신체에 털이 나기 시작함. 목소리가 굵게 변하는 변성기가 찾아오고 키가 커짐. 여성의 경우 유방과 자궁이 발달하고 초경을 시작함. 키가 커지고 생식기 주변과 겨드랑이에 털이 나는 것은 남성과 같음. 이러한 변화에 남성은 평균 3년, 여성은 평균 4~5년이 걸린다고 함.
- 신체에 대한 걱정이 커지는 것도 이 시기. 다른 친구들과 비교해 키가 얼마나 큰지, 가슴과 음경은 얼마나 자랐는지 끊임없이 확인하고 비교함. 지구인들이 생각하는 신체의 적당한 크기와 모양이 있는 듯함. 외모만큼 신체 변화에도 매우 까다로움.

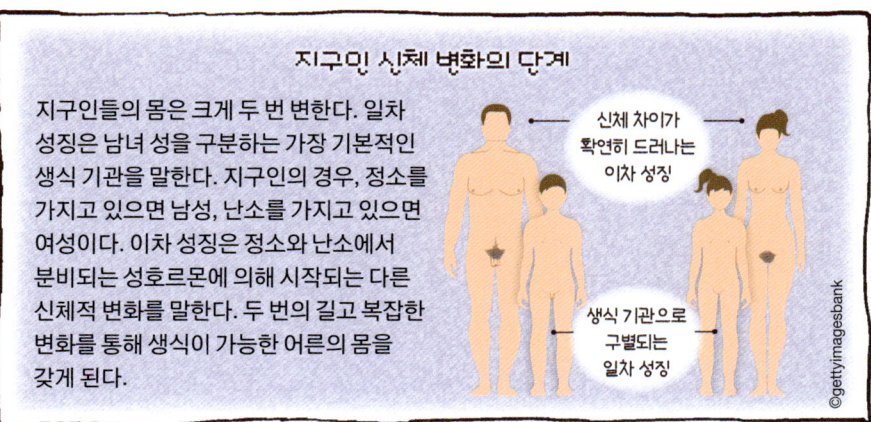

지구인 여성의 임무와 남성의 임무

- 지구에서는 남성과 여성이라는 구분 외에, 각각에게 기대하는 행동 방식이 있음. 지구인들은 여기에 '여자답다, 남자답다' 같은 말을 씀. 예를 들어, 눈물은 주로 여성들에게 허용되는 일. 그래서 남자가 울면 '남자답지 못하게 왜 울어?'라고 말함. 눈물은 지구인의 기본적인 감정 표현으로, 슬픔에서 시작되는 자연스러운 신체 반응임. 남녀와는 아무 상관이 없음. 그러나 지구인들은 이와 비슷한 방식으로 여러 행동이나 사고방식에 남자와 여자의 특성을 규정하고 그에 맞추어 판단함.
- 성에 대한 편견은 매우 어린 아이들에게도 적용됨. 실험 참가자들을 살펴본 결과, 돌봐야 할 아이가 남자라고 생각되는 경우에는 장난감으로 로봇과 레고를 고르지만, 여자라고 생각되는 경우에는 인형과 소꿉놀이 세트를 고른다는 것이 밝혀짐. 지구인들이 무의식적으로 아이들이 아주 어릴 때부터 성별에 따라 다르게 대한다는 증거.
- 지구인 남녀는 분명한 생물학적 차이가 있음. 지구인들은 이 차이를 과대하게 해석해서 특정 외모와 행동을 기대하고 강요하기도 함. 성별에 대한 한계를 설정하고 자신의 가능성을 제한하는 일은 매우 어리석음. 이것이 없다면 지구인들은 좀 더 자유로워질 것임.

뇌가 말랑해지는 시간 1

지금보다 더 멋진 지구인이 될 거야!

진짜 멋진 어른이 돼서 모두 후회하게 해 주겠어!

어른이 된 나의 몸을 자유롭게 그려 보자.
뚱뚱해도 좋고, 날씬해도 좋아. 어떤 모습이든 너의 몸은 소중하니까!

Q 어른이 된다면, 나의 몸은 지금과 어떤 부분이 달라질까?

Q 최근에 나의 몸에 생긴 가장 큰 변화는?

Q 나의 몸은 왜 변하는 걸까?

Q 어른의 몸이 되어도 변치 않을 나만의 무언가는?

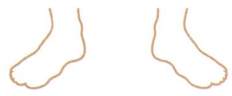

6

가까이,
더 가까이

지구인의 집중력이
최고로 높을 때

컵라면을 기다리는 3분 동안 중학생들은 폭풍 수다를 떨었다. 주제는 자연스럽게 여자 이야기다. 옆 반 여자아이, 다른 학교 여자아이, 텔레비전에 나오는 여자 아이돌…….

요즘 생선파의 최대 관심사는 여자다. 하지만 여자아이들과 자주 놀지는 않는다. 거의 안 어울린다.

'여자가 좋으면 같은 반 여자 친구들과 놀면 되지. 왜 남자아이들끼리 우르르 몰려다니며 여자 이야기를 할까?'

외계인인 라후드에게만 이상하게 보이는 일은 아닌가 보다. 루이도 고개를 절레절레 저으며 혀를 찼다.

"아이고, 시끄럽다. 아무리 사춘기라지만, 인기도 없는 모태 솔로들이 모이기만 하면 여자 얘기냐?"

루이의 말에 참치가 발끈했다.

"여자 얘기만 한 거 아니거든."

다른 생선들도 차례로 맞장구를 쳤다.

"맞아, 게임 이야기도 하고, 축구 이야기도 했어요."

"무려 수행 평가 얘기도 했거든요."

어린 지구인들이 우겼지만 라후드는 알고 있다. 시작은 달라도 생선파의 대화는 다 여자 이야기로 끝났다. 무슨 게임 재미있다고 하다가 그 게임을 하다 누가 여자랑 사귀었다거나, 모둠별 수행 평가 얘기를 하다가 좋아하는 여자애랑 같은 모둠이 되었다거나, 축구 얘길 하다가 축구공이 어떤 여자애 발밑으로 굴러갔다거나.

외계 문명 탐험가 라후드의 분석에 따르면, 지구인은 이성에게 너무 많은 에너지를 쏟는다. 우주에서도 매우 희귀한 습성이다. 그래서 지구의 문명이 이렇게 뒤떨어진 것 같다. 지구인도 아우린처럼 남녀의 구별이 없으면 상대 성에게 관심을 기울이는 시간에 자기 자신에게 몰두하여 문명을 발전시킬 것이다.

갈치가 또 여자 이야기를 꺼냈다.

"당연한 걸 왜 물어?"

여자 이야기만 한다고 핀잔을 줄 때는 언제고 루이의 눈이 반짝였다.

갈치도 눈을 반짝이며 물었다.

"형, 그럼 여자 친구랑 뽀뽀도 했어요?"

"야, 정말 너희 머릿속에는 그런 것밖에 안 들었냐?"

루이는 버럭 소리를 질렀지만, 입가에 살짝 미소가 흘렀다. 여자 친구는 생각만 해도 기분이 좋은 말인 것 같았다. 지구인은 이성 이야기를 할 때 가장 생기 있다.

그렇게 좋은가? 지구 문명이라면 모든 것에 관심 있는 라후드는 살짝 그 마음이 궁금해졌다. 하지만 루이는 여자 친구에 대한 말을 아꼈다.

"사귀는 여자 친구에 대해 떠드는 건 예의가 아니지. 연애에서 그런 행동은 옳지 않아."

"와, 루이 형 멋지다."

곰치는 평소 보지 못했던 루이의 어른스러운 모습에 감탄했다. 하지만 나머지 생선들은 실망했다. 사춘기 지구인에게 남의 연애 이야기만큼 흥미진진한 이야기는 없으니…….

루이는 첫사랑을 떠올렸다. 애틋하고 아쉬운 감정이 스쳤다.
"고등학교 1학년 때 만난 친구였어. 내 이상형은 아니었어. 나는 키가 크고, 머리카락이 길고, 목소리가 예쁜 상냥한 스타일을 좋아했는데, 그 애는 딱 반대였거든."

"100일 정도 사귀었어. 손도 잡았지. 손바닥의 빳빳하게 굳은 살이랑 따뜻한 감촉이 지금도 기억나."

"키스는요? 키스도 했어요?"

"그런 사생활은 묻는 거 아니야."

"아~이."

"좋아, 그럼 내가 조금만 더 얘기해 주마."

생선파의 눈이 반짝반짝 빛났다. 수업 시간에는 한 번도 보지 못한 눈빛이었다.

"첫사랑과 만난 지 100일째 되는 날, 이벤트를 준비했어. 철부지 같은 내 친구들이 너희들처럼 뽀뽀할 거냐고 막 묻는데, 말도 안 되는 소리 말라며 시치미를 뚝 뗐어. 여친과 사적인 일을 떠벌리는 건 어떻다고 했지?"

"옳지 않아요!"

"그래. 하지만 나도 속으로는 뽀뽀를 하고 싶었어. 그래서 준비했지. 꽃다발을 사고, 인터넷으로 검색해서 고백하기 좋은 카페도 찾았어. 크림이 탐스럽게 올라간, 비싼 카페라테도 샀지. 근데 여친은 더 큰 꽃이랑 날 닮은 햄스터 인형까지 사 왔지 뭐야. 그 애는 언제나 나보다 스케일이 컸어. 멋지지?"

"네, 근데 뽀뽀는 언제 해요?"

"기다려 봐."

"카페에서 그 애가 우유 거품이 소복하게 올라간 카페라테를 마시는데, 입술에 우유 거품이 묻은 거야. 그래서 조심스럽게 물었지. '지금 너무 예쁜데 뽀뽀해도 돼?' 속으로는 무지 떨렸는데, 안 그런 척하려고 엄청 애썼어. 다행히 여친이 좋다고 했어. 그래서 여친의 거품 묻은 입술에……."

<몽스터즈 손오공을 소개합니다>

나는 세계 최강 원숭이다!

특징 1
머리 위에 반짝이는 금고아 착용

특징 2
언제 어디서든 부르면 날아오는 근두운 보유

우리는 몽스터즈

30초로 보는 몽스터즈

아울북의 새로운 손오공 등장!
고전 소설 서유기가 신나는 모험으로 다시 태어났다!

재밌다!

유익하다!

손오공 빅카드를 드립니다!

NEW

안녕! 나야 마법천자문 손오공.
내 동생들이 나온다고 하니까 기대해 줘!
다시 읽고 싶은 무한 재미 보장!

마법천자문 손오공 추천도서

"연애가 뭐 그렇게 드라마처럼 낭만적으로 딱딱 맞아떨어지는 줄 아냐? 너무 떨려서 심장이 터질 것 같았어. 머릿속이 하얘졌다가 복잡해졌다가 정신이 하나도 없더라고. 그래도 있는 힘껏 정신을 차리고 여친 얼굴 가까이 다가갔는데, 갑자기 콧속이 간질간질했어. 참으려고 애를 썼는데……."

루이는 어처구니없는 실수로 첫 뽀뽀를 망쳤다.

"형, 너무했어요."

"차여도 싸요."

생선파들은 킬킬킬 웃으며 루이를 놀렸다. 곰치만 심각하게 뭔가 생각하더니 목소리를 낮추어 물었다.

"형, 영화에서 보면요, 사랑하는 사람끼리는 뽀뽀도 하고, 진한 키스도 하잖아요. 근데 뽀뽀할 때 묻는 침은 안 더럽고 재채기할 때 묻는 침은 더러운 거예요?"

루이가 대답하기도 전에 생선파들이 앞다투어 말했다.

"바보야, 침이 아니라 콧물이 튀니까 더럽지."

"맞아, 아무리 사랑해도 남의 콧물이 얼굴에 튀면 좋겠냐?"

"난 침도, 콧물도 다 싫어. 우웩."

아이들은 진짜 콧물이 얼굴에 닿은 것처럼 진저리를 쳤다.

라후드도 지구인들의 분비물 논쟁에 끼어들었다.

"인간의 분비물에는 세균이 많이 들어 있다. '더럽다'가 세균이 많아서 질병을 옮길 위험이 있다는 뜻이라면 재채기는 매우 위험하다. 약 4만 개의 작은 침과 콧물 방울이 시속 300킬로미터의 속도로 날아가 세균을 옮기기 때문이다."

아이들은 아무도 라후드의 말을 듣지 않았다. 아이들의 관심은 '분비물'이 아니라 사랑하는 사람과의 '접촉'이었으니까.

루이는 호들갑을 떠는 생선파를 멍하니 바라보았다. 이런 철부지 같은 사춘기 애들에게 무슨 말을 했나 싶어 절로 고개가 저어졌다.

"그때의 나도 딱 쟤네들 같았겠지. 미안하다, 첫사랑아."

루이가 그들을 바보라고 생각하거나 말거나 생선파들은 각자의 달콤한 상상에 빠져들었다.

보고서 38

지구인의 손과 입술에 관한 고찰

🌍 2019년 11월 28일　🍄 아우레 7385년 31월 54일　작성자: 라후드

지구 사건 개요

* 사춘기 지구인들과 루이는 여자 이야기를 3시간 동안 계속함. 이성과 관련된 것이라면 고도의 집중력을 장시간 발휘할 수 있는 것으로 보임.
* 지구인들은 좋아하는 이성과 닿고 싶어 하는 특정 부위가 있는 것으로 확인됨. 손과 입술이 대표적임. 발을 서로 잡아 봤는지, 팔꿈치를 마주 대 봤는지 같은 질문은 하지 않음. 지구인에게 손과 입술이 어떤 의미인지 궁금함.
* 지구인들의 형편없는 기억력은 때로 지구인의 행복 회로를 작동시킴. 루이는 예전 여자 친구에 대해 말하는 내내 아주 행복한 얼굴이었지만, 루이가 말하는 동안의 맥박과 동공의 움직임을 보았을 때 루이의 말을 진실이라고 단정할 수 없었음. 루이의 행동은 어느 정도의 상상력이 더해진 것으로 보임.

지구인들은 모두 사랑 전문가

- 지구인들에게 사랑은 아주 인기 있는 대화의 주제. 누가 누구를 좋아하고, 누가 누구랑 사귄다더라 하는 이야기를 엄청나게 집중해서 토론함. 자기 경험뿐만 아니라 남의 경험을 묻고, 직접 알지도 못하는 제3자의 사랑 이야기까지 듣고 참견함.
- 사랑에 빠진 지구인은 자신의 사랑이 너무나 소중하고 특별하다고 생각하기 때문에, 다른 사람에게 자문을 구하려 함. 다른 사람들은 이럴 때 어떻게 하는지 궁금해지는 것. 듣는 사람에게도 사랑은 매우 보편적인 패턴이 있는 주제이기 때문에 할 이야기가 많음. 그래서 지구인들은 연애 이야기만 나오면 엄청난 집중력을 가지고 대화를 이어 나갈 수 있음.
- 사랑에 대한 조언을 해 주는 사람은 사랑의 그러한 보편성을 알고 있기 때문에, 스스로 상담을 정말 잘하는 좋은 상담사라고 생각할 확률이 매우 높음.

지구인들이 키스를 하고 싶어 하는 이유

- 지구인들은 좋아하는 사람에게 입술을 비비고 싶어 하는 경향이 있음. 지구인들은 이를 키스라고 부르며 매우 로맨틱한 행위로 생각함.
- 키스는 지구인들의 진화에 매우 중요했던 것으로 보임. 지구인은 냄새를 통해 상대가 우수한 유전자, 나와 맞는 유전자를 지녔는지 판단하는데, 키스를 할 때는 얼굴을 꼭 붙이고 마음껏 냄새를 맡을 수 있었기 때문. 키스를 통해 자신과 다른 유전자를 가진 상대와 새로운 유전자를 가진 자녀를 낳아 환경에 적응하고자 한 것임.
- 키스를 많이 하는 지구인은 건강하게 오래 산다는 연구 결과도 있음. 사랑하는 이와의 키스는 지구인의 면역을 담당하고 있는 백혈구의 활동을 활성화해 지구인이 질병에 걸리지 않도록 도와줌. 또 엔도르핀의 분비를 증가시켜서 지구인의 기분을 좋게 만들고, 동시에 스트레스를 줄이는 효과가 있음.
- 키스를 하는 지구인들에게서 흥미로운 점을 발견하게 됨. 보통의 지구인들은 다른 사람의 침을 매우 더럽다고 생각함. 침방울이 튀기만 해도 혐오감을 보이고, 심지어 자기가 뱉은 침도 다시 삼키라고 하면 굉장한 거부감을 보임. 지구인들의 키스는 타인의 침이 자신의 입으로 들어올 수 있는 일로, 이런 관점에서 보면 이상한 행동. 이와 비슷한 것은 어린아이가 씹었던 음식을 부모가 먹는 장면에서도 나타남. 지구인들이 타인의 침을 대하는 자세는 상대방을 얼마나 사랑하는지에 따라 달라지는 듯.

키스를 하는 지구인의 뇌 속에서는?

키스를 하는 지구인들의 뇌에서는 호르몬 파티가 벌어진다. 여성 지구인의 뇌에서는 특히 옥시토신이 많이 분비된다. 옥시토신은 사랑의 호르몬이라 불리며, 이성에 대한 애정도를 높인다. 남성 지구인에게선 테스토스테론이 극도로 분비된다. 이 호르몬이 키스를 하는 동안 여성에게 전달되어 계속 키스를 하고 싶도록 만드는 것. 그 외에 지구인의 기분을 좋게 하는 엔도르핀 같은 호르몬과 도파민, 세로토닌 같은 신경전달물질이 분비되어 지구인들은 계속해서 키스를 하고 싶게 된다.

지구인들은 자주 손을 맞잡는다

- 지구인들의 공식적인 인사는 오른손을 서로 맞잡는 악수. 오래전에는 주로 두 남자가 손에 무기를 들고 있지 않다는 의미로 악수를 했다고 함. 오늘날에는 성별을 가리지 않고 악수가 가장 일반적인 인사법. 악수하는 시간과 강도에 여러 가지 의미를 부여하기도 함.
- 지구인의 손에는 한쪽에만 약 6만 마리의 세균이 득실거림. 하지만 지구인들은 그런 더러운 손을 이용하여 처음 만난 상대에게 반갑다며 악수를 청함. 연인들끼리는 더워서 손에 땀이 나는 한이 있어도 절대 손을 놓지 않음.
- 놀랍게도 지구인의 악수는 키스만큼 강력한 행위. 남녀가 3초 이상 악수를 하면 일종의 마약 성분인 오피오이드가 분비되어 순간적으로 연애 감정을 느끼게 함. 이 물질은 키스를 할 때도 분비됨. 손을 잡는 행위는 뇌의 관점에서 가벼운 키스를 하는 것과 마찬가지. 그러니 기분이 좋기 위해 서로 계속해서 손을 잡을 수밖에 없음.

지구인 체감각 지도

지구인은 신체 부위에 따라 대뇌 피질에서 접촉을 느끼는 감각의 크기가 다르다. 지구인이 만든 체감각 지도를 보면 실제 인체의 비례와 다르게, 손과 입, 혀가 매우 크게 그려져 있다. 체감각 지도를 바탕으로 지구인의 형상을 만든다면 오른쪽 이미지와 같을 것. 이 부위들이 지구인들에게 특히 예민하다는 의미이다. 지구인들은 아주아주 민감한 손과 입을 연인들끼리 자주 마주 대려 한다. 지구인들과 신체 접촉을 할 일은 없겠지만, 불가피하게 접촉해야 하는 상황에는 지구인들이 예민하게 느끼는 신체 부위는 피할 것!

©Mpj29 / Wikimedia Commons

7

점점 커지는 의심

　유니는 새벽같이 일어나 자전거를 타고 학교에 갔다. 교문 앞 보관대에 자전거를 세우고 한참을 뭉그적거렸다. 우연인 척 수현과 마주치려는 계획이었다.

　유니는 며칠을 자전거 보관대 앞에서 얼쩡거린 끝에 자전거를 타고 등교하는 수현을 발견했다. 유니는 재빨리 주저앉아 자전거 자물쇠를 만지작거리며 시간을 끌었다. 그리고 수현이가 교문쯤 왔을 거라고 생각되는 시점에 벌떡 일어났다.

　수현은 유니의 예상보다 빨랐다. 유니가 일어서기도 전에 벌써 유니 옆자리에 자전거를 세웠다. 유니는 놀라서 허둥거리다 발이 꼬이고 말았다.

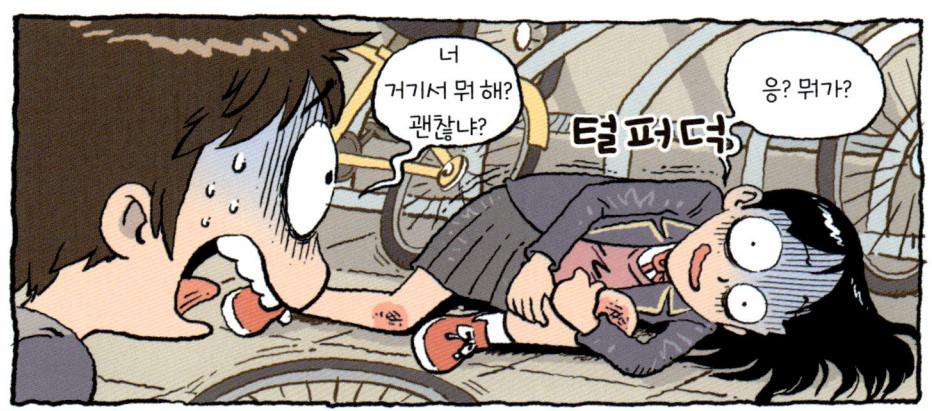

무릎에 피를 줄줄 흘리는 유니를 보고 해진이 놀라서 달려왔다.

"유니야, 너 무릎에 피 나. 안 아파?"

"괜찮아, 괜찮아. 하하."

유니는 정말로 하나도 안 아팠다. 팔을 잡고 일으켜 주던 수현이 떠올라 실실 웃음만 새어 나왔다.

'수현이는 왜 날 일으켜 줬을까? 나 좋아하는 거 아냐?'

점심시간에 갑자기 수현이 나타났다. 유니네 교실 뒷문을 열고 얼굴을 쏘옥 내밀었다.

'나 괜찮은지 보러 온 건가?'

유니는 벌떡 일어났지만 떨려서 발걸음이 떨어지지 않았다. 갑자기 해진이 복도로 뛰어나갔다. 수현은 해진에게 책을 내밀며 뭐라고 말을 걸었다.

두 사람은 서로 얼굴을 마주 보고 별것도 아닌 말에 깔깔대며 한참이나 수다를 떨었다.

유니는 눈앞이 하얘졌다. 아니기를, 제발 아니기를…….

해진이 교실로 들어오자마자 유니는 애써 미소를 지으며 물었다.

"해진아, 너 쟤 좋아해? 둘이 사귀어?"

해진은 놀란 토끼 눈이 되었다.

"어머, 어떻게 알았어? 아직 비밀인데……."

"아, 그렇구나. 축하해…….."

유니는 친한 친구라면 당연히 해야 할 말을 해 줬다. 하지만 얼굴 표정까지는 어떻게 못 했나 보다. 해진은 유니의 눈치를 보며 애교를 부렸다.

"먼저 말 못 해서 미안. 딱 일주일 됐거든. 열흘은 채우고 공개하려고 했지. 혹시라도 그 전에 헤어질까 봐……."

유니는 핑계를 대고 자기 자리에 앉았다. 허전하고, 화나고, 질투 나고, 속상하고, 슬펐다. 그렇다고 해진을 미워할 수는 없었다. 지옥 같은 학교에서 먼저 손 내밀어 준 친구. 그런 친구와 어떻게 남자를 두고 다퉈…….

'사랑과 우정 중에 뭐가 더 중요할까?'

유니는 눈물을 꾹 참았다. 마음이 아픈 것도 꾹꾹 참으려 했는데, 배까지 콕콕 쑤시고 아파서 결국 조퇴를 하고 말았다.

루나는 본부 주변을 순찰하다 유니와 토토를 발견했다.

'유니는 위험 지수가 높은 지구인. 바바는 왜 유니에게 접근하지? 제거하려나?'

지구인 제거를 위해서는 은밀한 장소로 이동해야 한다. 하지만 유니와 바바는 공원으로 향했다. 탁 트인 주변과 무질서하게 움직이는 다수의 지구인들. 북적북적한 공원은 지구인 제거에 최적의 장소가 아니었다. 심지어 유니와 바바는 서로의 신체를 붙인 채 조용히 대화를 나누는 것 같았다. 아우린들 사이에서는 하지 않는 행동이다.

'바바의 이성에 문제가 생겼나?'

"첫눈에 반한 건 처음이었어! 근데 해진이랑 사귄대! 어떻게 이럴 수 있니? 엉엉엉."

유니는 토토를 부둥켜안고 울었다. 바바는 유니의 눈에서 흐르는 분비물을 재빨리 분석했다.

'물에 미량의 나트륨과 단백질, 호르몬, 망간 등이 녹아 있음. 포함된 세균의 양은 아우린이 견딜 수 있는 수준으로 확인됨.'

그러나 안전을 위해 지구인과의 접촉은 피한다. 토토는 유니의 품에서 빠져나오려고 몸부림쳤다. 그 순간 유니가 코를 훌쩍이며 말했다.

"나는 해진이를 질투하지 않을 거야. 사랑은 중요하지만, 우정도 중요하니까. 그래도 앞으로는 이런 일이 생기지 않으면 좋겠어. 다음에는 사랑을 택할지도 모르니까."

라후드의 분석에 따르면, 지구인은 남녀가 만나 후손을 남기는 일을 매우 중요하게 여긴다. 남녀는 본능적으로 끌리고, 다른 어떤 관계보다 남녀의 만남을 중요하게 여긴다. 그런데 유니는 우정을 지키기 위해 좋아하는 남자를 포기한다고?

'이 아이는 다른 지구인을 위해 자신의 이익을 포기한다. 괴로워서 울면서도. 지구 생명체의 관점에서 보면 이 아이의 생존 전략은 이성적이지 못하다. 하지만 양보할 수 있다는 건 아우린과는 평화롭게 공존할 수 있는 전략이다.'

바바는 유니의 품에 그대로 머물렀다. 루나는 바바를 의심하지 않을 수 없었다.

'유니의 분비물과 접촉한 뒤 바바의 이성이 마비되었다.'

감시는 이제 그만, 루나는 행동에 나섰다.

"잠깐."

느닷없이 외계인 추적자 본부의 보스가 나타나 유니를 가로막았다. 보스의 손가락은 정확히 토토를 가리켰다. 정체를 들켰나? 토토와 루나는 숨을 헉 들이켰다. 보스는 무서운 얼굴로 토토를 노려보며 말했다.

"죄송해요. 제가 안을게요."

유니는 토토를 번쩍 안으며 작게 중얼거렸다.

"저 할머니 진짜 외계인 같아."

유니의 말에 루나는 당장 반응했다.

'외계인?'

바바는 얼른 루나의 생각을 수정해 주었다.

'아니다. 외계인 추적자다.'

'외계인 추적자의 존재를 알면서도 제거하지 않는다고?'

루나는 탐사대의 변심을 확신했다.

'먼저 외계인 추적자를 없애고, 다음은 탐사대를…….'

루나는 서둘러 집으로 들어갔다. 루나의 계획을 눈치챈 바바도 서둘러 행동을 개시했다. 당장 루나가 보스를 제거해도 문제, 제거하지 못하고 정체만 들키면 더 큰 문제가 생긴다.

이 책을 만든 사람들

정재승 기획

KAIST에서 물리학으로 학사, 석사, 박사 학위를 받았습니다. 예일대학교 의과대학 정신과 박사후 연구원, 고려대학교 물리학과 연구교수, 컬럼비아대학교 의과대학 정신과 조교수를 거쳐, 현재 KAIST 뇌인지과학과 교수로 재직 중입니다. 우리 뇌가 어떻게 선택을 하는지 탐구하고 있으며, 이를 응용해서 로봇을 생각만으로 움직이게 한다거나, 사람처럼 판단하고 선택하는 인공지능을 연구하고 있습니다. 쓴 책으로는 <정재승의 과학 콘서트>(2001), <열두 발자국>(2018) 등이 있습니다.

정재은 글

프로젝트를 진행하는 동안 때로는 아싸로, 때로는 라후드로, 때로는 오로라나 바바로 끊임없이 정신을 분리하며 도서 전체의 스토리를 진행했습니다. 가 본 적 없는 아우레 행성과 직접 열어 본 적 없는 지구인의 뇌를 스토리 속에 엮어 내기 위해 엄청 열심히 공부를 해야 했습니다. 쓴 책으로 <뚱핑크 유전자 수사대> <멘델 아저씨네 완두콩 텃밭> <미스터리 수학유령> 시리즈 등 다수의 어린이 책이 있습니다. 머릿속 넓은 우주가 어디로 펼쳐질지 모르는 창의력 뿜뿜 스토리텔러.

김현민 그림

일찍이 유럽으로 시장을 넓힌 대한민국의 만화가. 대학에서 산업디자인을 전공한 뒤 어릴 때 꿈을 찾아 만화가가 되었습니다. 프랑스 앙굴렘 도서전에 출품한 것을 계기로 프랑스 출판사에서 <Archibald 아치볼드>라는 모험 만화를 만들고 있습니다. 인간이 아닌 괴물이나 신기한 캐릭터 등 상상력을 발휘할 수 있는 그림을 좋아합니다. 몸은 지구에서 벗어날 수 없지만, 머릿속은 항상 우주의 여행자가 되고 싶은 히치하이커.

이고은 글

지구인들의 심리를 과학적으로 설명해서 보여 주는 것이 취미이자 특기인 인지심리학자. 부산대학교에서 심리학으로 학사, 인지심리학으로 석사와 박사 학위를 받은 뒤, 강의와 연구를 하고 있습니다. 과학 웹진 <사이언스온>에서 '심리실험 톺아보기' 연재를 시작으로 각종 매체에 심리학을 소개해 왔으며, <마음 실험실>(2019)을 펴낸 과학적 스토리텔링의 샛별.

뇌가 말랑해지는 시간
7권 미리보기

지구에서 열리는
컬러풀한 아우레 파티!
지구인들에게 아우레는
무슨 색깔일까?

외계인이 나타났다는 게 정말이야?

아우린들, 지구인의 말을 믿어선 안 돼!

"보스, 외계인 찾기 네트워크에 새로운 정보가 떴어요. 유에프오가 나타났대요. 진짜래요!"

외계인을 향한 보스의 간절한 바람이 이루어진 것일까? 윤박은 외계인이 지구에 도착했다는 정보를 입수한다. 카페에서 설거지를 하고 있던 라후드의 슈트 안으로 한 줄기 땀이 흐르는데…….

"그거 진짜 맞아? 사람들 관심을 끌려고 만든 가짜 뉴스가 넘친다고."

"외계인 네트워크는 믿을 만해요. 가까운 전파 연구소에서 와우 시그널이 요란하게 울렸대요. 그것도 무려 세 군데에서요!"

"당장 그곳으로 줄발해. 무슨 수를 써서라도 외계인을 잡는다."

세 개의 와우 시그널, 라후드를 뺀 나머지 아우린도 세 명. 탐사대에게 무슨 일이 생긴 거 아닐까……? 라후드는 앞치마를 벗어 던지고 헐레벌떡 임시 본부로 뛰어간다. 제발, 제발 모두 무사해야 하는데!

한편, 루나는 수천 년을 살며 만난 외계인 중에 가장 말도 많고 탈도 많은 지구인들에게 지쳐 간다.

왜 지구인들은 끊임없이 거짓말을 하지? 모이기만 하면 다른 지구인을 험담하고, 대화를 하는 것처럼 보이지만 잘 들어 보면 서로 자기 할 말만 하고 있어. 도무지 장점이라고는 없는 지구인과 아우린이 한 행성에서 살 수 있을까? 깊은 밤, 루나는 조용히 아우레에 보낼 비밀 보고서를 작성하기 시작한다.

과연 라후드는 무사히 탐사대원들을 만날 수 있을까? 입만 열면 거짓말인 지구인들이 전한 외계인 소식은 믿을 수 있는 거야?

아우린들이 관찰하는 우주 최강 거짓말쟁이, 지구인의 "언어" 이야기가 7권에서 이어집니다.

다양한 SNS 채널에서
아울북과 을파소의 더 많은 이야기를 만나세요.

 인스타그램 @owlbook21
 페이스북 @owlbook21
 네이버카페 owlbook21
 네이버포스트 아울북 and 을파소

정재승의 인간 탐구 보고서
06 성은 우리를 다르게 만든다

기획 정재승 | **글** 정재은 이고은 | **그림** 김현민
사진 Gettyimagesbank, Sciencephotolibrary, Science Source, Shutterstock, Wikimedia Commons | **배경설계자** 김지선

1판 **1쇄 발행** 2021년 4월 15일
1판 **11쇄 발행** 2025년 11월 26일

펴낸이 김영곤 **펴낸곳** ㈜북이십일 아울북
기획개발 문영 이신지 **프로젝트4팀** 김미희 이해인 **디자인** 한성미
영업팀 정지은 한충희 남정한 장철용 강경남 황성진 김도연 이민재
제작 이영민 권경민

출판등록 2000년 5월 6일 제406-2003-061호
주소 (10881) 경기도 파주시 회동길 201(문발동)
대표전화 031-955-2100 **팩스** 031-955-2177
홈페이지 www.book21.com

ⓒ 정재승·김현민·정재은·이고은, 2021
이 책을 무단 복사·복제·전재하는 것은 저작권법에 저촉됩니다.

ISBN 978-89-509-8312-3 74400
ISBN 978-89-509-8306-2 74400 (세트)

책값은 뒤표지에 있습니다.
잘못 만들어진 책은 구입하신 서점에서 교환해 드립니다.

- 제조자명 : ㈜북이십일
- 주소 및 전화번호 : 경기도 파주시 문발동 회동길 201(문발동) / 031-955-2100
- 제조연월 : 2025.11.26.
- 제조국명 : 대한민국
- 사용연령 : 3세 이상 어린이 제품

너와 나, 우리들의 마음을 이해하게 도와줄
첫 번째 뇌과학 이야기
정재승의 인간 탐구 보고서 (1~18권)

① 인간은 외모에 집착한다
② 인간의 기억력은 형편없다
③ 인간의 감정은 롤러코스터다
④ 사춘기 땐 우리 모두 외계인
⑤ 인간의 감각은 화려한 착각이다
⑥ 성은 우리를 다르게 만든다
⑦ 인간은 타고난 거짓말쟁이다
⑧ 불안이 온갖 미신을 만든다
⑨ 인간의 선택은 엉망진창이다
⑩ 공감은 마음을 연결하는 통로
⑪ 인간을 울고 웃게 만드는 스트레스
⑫ 인간은 누구나 더없이 예술적이다
⑬ 인간은 모두 호기심 대마왕
⑭ 인간, 돈의 유혹에 퐁당 빠지다
⑮ 소용돌이치는 사춘기의 뇌
⑯ 사랑은 마음을 휘젓는 요술 지팡이
⑰ 음식, 인간의 마음을 요리하다
⑱ 이야기 공장 뇌, 오늘도 풀가동 중!

인류의 과거와 현재를 이어 줄
아우린들의 시간 여행!
정재승의 인류 탐험 보고서 (1~10권)

완간

① 위대한 모험의 시작
② 루시를 만나다
③ 달려라, 호모 에렉투스!
④ 화산섬의 호모 에렉투스
⑤ 용감한 전사 네안데르탈인
⑥ 지구 최고의 라이벌
⑦ 수군수군 호모 사피엔스
⑧ 대륙의 탐험가 호모 사피엔스
⑨ 농사로 세상을 바꾼 호미닌
⑩ 안녕, 아우레 탐사대!

옛날 지구인들은 이랬단 말이지?